Lamia Hadrich

**Traitement des disfluences de l'arabe parlé**

**Abir Masmoudi**
**Lamia Hadrich**

# Traitement des disfluences de l'arabe parlé

## Traitement des disfluences dans le cadre de la compréhension automatique de l'arabe parlée

Éditions universitaires européennes

**Mentions légales / Imprint (applicable pour l'Allemagne seulement / only for Germany)**
Information bibliographique publiée par la Deutsche Nationalbibliothek: La Deutsche Nationalbibliothek inscrit cette publication à la Deutsche Nationalbibliografie; des données bibliographiques détaillées sont disponibles sur internet à l'adresse http://dnb.d-nb.de.

Toutes marques et noms de produits mentionnés dans ce livre demeurent sous la protection des marques, des marques déposées et des brevets, et sont des marques ou des marques déposées de leurs détenteurs respectifs. L'utilisation des marques, noms de produits, noms communs, noms commerciaux, descriptions de produits, etc, même sans qu'ils soient mentionnés de façon particulière dans ce livre ne signifie en aucune façon que ces noms peuvent être utilisés sans restriction à l'égard de la législation pour la protection des marques et des marques déposées et pourraient donc être utilisés par quiconque.

Photo de la couverture: www.ingimage.com

Editeur: Éditions universitaires européennes est une marque déposée de
Südwestdeutscher Verlag für Hochschulschriften GmbH & Co. KG
Heinrich-Böcking-Str. 6-8, 66121 Sarrebruck, Allemagne
Téléphone +49 681 37 20 271-1, Fax +49 681 37 20 271-0
Email: info@editions-ue.com

Produit en Allemagne:
Schaltungsdienst Lange o.H.G., Berlin
Books on Demand GmbH, Norderstedt
Reha GmbH, Saarbrücken
Amazon Distribution GmbH, Leipzig
**ISBN: 978-3-8417-8064-5**

**Imprint (only for USA, GB)**
Bibliographic information published by the Deutsche Nationalbibliothek: The Deutsche Nationalbibliothek lists this publication in the Deutsche Nationalbibliografie; detailed bibliographic data are available in the Internet at http://dnb.d-nb.de.

Any brand names and product names mentioned in this book are subject to trademark, brand or patent protection and are trademarks or registered trademarks of their respective holders. The use of brand names, product names, common names, trade names, product descriptions etc. even without a particular marking in this works is in no way to be construed to mean that such names may be regarded as unrestricted in respect of trademark and brand protection legislation and could thus be used by anyone.

Cover image: www.ingimage.com

Publisher: Éditions universitaires européennes is an imprint of the publishing house
Südwestdeutscher Verlag für Hochschulschriften GmbH & Co. KG
Heinrich-Böcking-Str. 6-8, 66121 Saarbrücken, Germany
Phone +49 681 3720-310, Fax +49 681 3720-3109
Email: info@editions-ue.com

Printed in the U.S.A.
Printed in the U.K. by (see last page)
**ISBN: 978-3-8417-8064-5**

# Sommaire

# Liste des Figures

# Liste des Tableaux

# Introduction générale

Les recherches menées dans le cadre général de la linguistique informatique ont pour objectif de développer des outils informatiques permettant l'automatisation des différents traitements linguistiques : analyse lexicale, analyse syntaxique, analyse sémantique, traduction automatique, etc. Depuis longtemps la langue écrite a été la seule préoccupation de ces traitements linguistiques. Cette tendance s'inverse depuis quelques années puisque le traitement automatique de la parole constitue un domaine de recherche de plus en plus actif.

Cette tardive pour le traitement de la parole est justifiée principalement par les spécificités et les problèmes de l'oral qui rendent son traitement automatique délicat, de plus les productions orales apparaissent d'une complexité décourageante pour l'analyse automatique.

Parmi ces spécificités de l'oral, on trouve les « *disfluences* ». Comme indique leur étymologie, les disfluences correspondent à toute interruption ou perturbation de la fluence, c'est-à-dire du cours normal de la production orale spontanée [Bove, 2008]. Le terme de « *disfluences* » regroupe un certain nombre de phénomènes spécifiques à l'oral : hésitations, répétitions, autocorrections, amorces, etc.

Ces disfluences posent des problèmes à différents niveaux. Au niveau de reconnaissance de la parole, il a été montré qu'elles engendrent des erreurs supplémentaires de reconnaissance des mots. Au niveau de la compréhension automatique, elles peuvent entraîner des problèmes d'interprétation du sens, surtout lorsque la structure de l'énoncé est modifiée.

L'objectif du présent travail est de traiter les disfluences au niveau de la compréhension de l'arabe parlé. Ce travail entre dans le cadre de la réalisation d'un serveur vocal arabe interactif SARF [Bahou et *al*., 2008] permettant de fournir des renseignements sur le transport ferroviaire tunisien.

Le présent rapport est structuré en quatre chapitres :

Dans le premier chapitre, nous définissons notre domaine de recherche à savoir, le traitement des disfluences dans le cadre de la compréhension de l'arabe parlé. Nous présentons en détail, la définition du terme « disfluences » aussi qu'une typologie des différents phénomènes regroupés sous ce terme. Nous exposons aussi un état de l'art des différentes approches de traitement des disfluences en les classifiant selon leur niveau de traitement : reconnaissance vocale ou compréhension de la parole.

Dans le deuxième chapitre, nous présentons notre corpus d'étude ainsi que la distribution des phénomènes de disfluences à savoir, les répétitions, les autocorrections, les amorces et les hésitations. Aussi, nous présentons les patrons observés et les segments conceptuels dégagés à partir de ce corpus.

Dans le troisième chapitre, nous proposons une méthode pour le traitement des disfluences dans des énoncés oraux arabes. Cette méthode consiste en quatre principales étapes à savoir, le traitement des disfluences simples, la segmentation conceptuelle, la délimitation des segments disfluents et le traitement des disfluences complexes. Nous détaillons, par la suite, la démarche conceptuelle que nous avons suivie à travers deux diagrammes UML à savoir, le diagramme de séquences et le diagramme de classes.

Dans le dernier chapitre, nous présentons les détails de l'implémentation à travers l'architecture physique du système de traitement des disfluences ainsi que son environnement de réalisation. Enfin, nous exposons les résultats obtenus lors de l'évaluation du système avec des discussions de ces résultats.

# Traitement des disfluences de l'oral spontané

# 1. Introduction

La langue écrite a longtemps été la seule préoccupation des études linguistiques. Néanmoins, cette tendance s'inverse depuis quelques années. En effet, l'oral et le dialogue prennent une place de plus en plus importante, tant dans le domaine de la linguistique que dans celui du traitement automatique des langues (technologies de la parole, apprentissage des langues, etc).

Ainsi, ces dernières années marquent le début des études linguistiques menées sur des corpus oraux et par conséquent l'émergence de toute une problématique sur l'oral à savoir, les caractéristiques de l'oral spontané et en particulier le traitement des phénomènes de disfluences massivement présents dans les corpus oraux. En ce qui concerne le rôle de ces phénomènes dans la parole, plusieurs hypothèses ont été alors formulées : ces phénomènes ont été tour à tour considérés comme des hésitations, des marques du travail de formulation, des recherches dans la mémoire, traduisent un malaise dans l'énonciation.

Dans ce chapitre, nous proposons un aperçu sur les principales caractéristiques de l'oral. Puis, une typologie des différents phénomènes regroupés sous le terme « disfluences ». Nous présenterons celle-ci en nous appuyant sur des exemples relevés de notre corpus collecté selon la technique de Magicien d'Oz à partir desquels seront effectuées nos observations.

# 2. Les caractéristiques de l'oral spontané

Le terme de « spontané » est utilisé dans la littérature pour indiquer toute production orale qui n'a pas fait l'objet, en amont, d'une préparation rigoureuse (par exemple, discours appris par cœur) [Blanche-Benveniste, 1997].

Ce caractère spontané de l'oral est à l'origine de la plupart de ses spécificités par rapport à l'écrit. En effet, nous proposons une liste non exhaustive contenant les principales caractéristiques de l'oral à savoir, linéarité, agrammaticalité syntaxique, flagrance des structures clivés, interjections et densité de disfluences.

## 2.1. Linéarité

Une fois un mot a été prononcé, il n'est plus possible de revenir en arrière pour le corriger, ou ajouter ou retirer des éléments dans son contexte, contrairement à ce qui est possible avec l'écrit.

## 2.2. Agrammaticalité syntaxique

L'écrit est beaucoup plus restrictif sur l'utilisation de la syntaxe d'une langue que l'oral. Ainsi, des constructions qui sont considérées comme des fautes à l'écrit sont tolérées à l'oral. Parmi les exemples les plus fréquents, on peut citer l'oubli à titre d'exemple de la négation « ne » et l'interrogation indirect, etc.

## 2.3. Flagrance des structures clivées

Les structures clivées se présentent le plus souvent sous la forme « C'est X que Y ». Par exemple « *c'est l'Europe qui négocie* » [Blanche-Benveniste, 1997]. La mise en valeur d'un élément de l'énoncé peut également être effectuée par le moyen d'un pseudo-clivage, dont la forme la plus courante est « ce que X, c'est Y » par exemple : « *ce que je voudrais, c'est recommencer à travailler* ».

## 2.4. Interjections

Les interjections sont très employées à l'oral. Elles sont des mots utilisés pour exprimer les émotions du locuteur « super, ah bon, yes ». Ces interjections n'ont aucune valeur sémantique. Le locuteur exprime et fait des réactions pour dire qu'il est d'accord ou non avec ce qui se passe.

## 2.5. Densité de disfluences

Parmi les caractéristiques de l'oral, nous nous sommes intéressés au phénomène qui constitue notre objet d'étude « les disfluences ». Ces disfluences sont sous formes de répétitions, autocorrections, amorces, hésitations et faux départs. Dans la section suivante nous expliquons en détail chacune de ces phénomènes.

## 3. Objet d'étude : les disfluences

Avant d'étudier les multiples phénomènes de disfluences, il nous paraît nécessaire de définir ce que l'on entend par « disfluences ». Comme indique leur étymologie, les disfluences correspondent à toute interruption ou perturbation de la *fluence*, c'est-à-dire du cours normal de la production orale spontanée [Bove, 2008]. Le terme de « *disfluence* » regroupe un certain nombre de phénomène spécifiques à l'oral : répétitions, autocorrections, hésitations, amorces, etc.

Dans sa thèse, Bove montre que les types de disfluence possèdent de nombreux équivalents dans la littérature [Bove, 2008]. La figure 1 regroupe représente les différents phénomènes appartenant à la catégorie de disfluence.

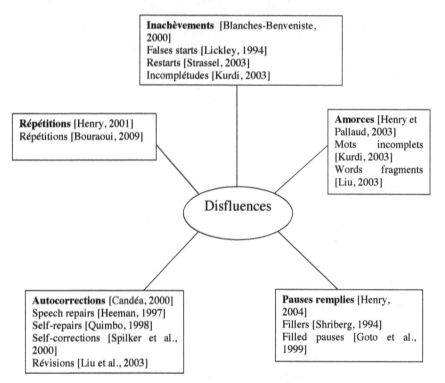

**Figure 1 : Phénomènes de disfluences [Bove, 2008]**

Cette disparité empêche donc toute harmonisation dans la terminologie utilisée par les différents linguistes francophones et anglophones qui se sont intéressés aux disfluences. Devant la multitude de termes employés pour désigner les phénomènes de l'oral, nous avons choisi les termes suivants : les répétitions, les autocorrections, les hésitations, les amorces, les faux départ pour désigner les différents phénomènes de disfluences.

Dans la section suivante, nous mettons l'accent sur les différents phénomènes de disfluences.

## 3.1. Répétition

Il s'agit du cas de la répétition d'un mot ou d'une série de mots. Elle est définie sur des critères purement morphologiques [Kurdi, 2003]. Il convient cependant de distinguer les répétitions qui relèvent de la langue, et celles qui correspondent à des phénomènes à l'oral (disfluences). Cette distinction peut être réalisée comme suit : *i)* le cas où il y a dans un énoncé donné des suites des mots grammaticaux comme « *je je, le le,* » etc. *ii)* le cas où la répétition fait intervenir des mots lexicaux (par exemple *très très* belle). *iii)* le cas où la répétition fait intervenir des mots grammaticaux par exemple, répétition en (nous *nous)* et (*vous vous*, etc.).

La répétition n'est pas toujours une redondance. Elle peut aussi avoir une fonction communicative. C'est notamment le cas lorsque le locuteur n'est pas certain que son message sera correctement perçu par son interlocuteur alors le message sera répété. Des autres chercheurs évoquent que la répétition est un moyen pragmatique assez fréquent pour marquer une affirmation, une négation ou une insistance, etc.

Nous distinguons plusieurs catégories de répétitions :

- Les répétitions « *simples* » et « *complexes* » :
  - Répétitions simples : un seul élément contenu dans le motif répété.

« أريد ثمن تذكرة تذكرة من صفاقس إلى تونس »  (1)

« Je voudrais le prix d'un **billet billet** de Sfax vers Tunis »

- Répétitions complexes : plusieurs éléments contenus dans le motif répété.

« أريد وقت القطار <u>إلى صفاقس إلى صفاقس</u> » (2)

« Je voudrais l'horaire de train **vers Sfax vers Sfax** »

- Les répétitions de type « *uniques* » et « *multiples* » :

  - Répétitions uniques : les éléments répétés une seule fois.

« ماهو وقت انطلاق <u>القطار القطار</u> نحو تونس » (3)

« Quelle est l'horaire de départ du **train train** vers Tunis »

  - Répétitions multiples : les éléments répétées plusieurs fois.

« أريد ثمن 4 تذاكر <u>ذهاب ذهاب ذهاب ذهاب</u> » (4)

« Je voudrais le prix de 4 billets **aller aller aller aller** »

- Les répétitions que l'on peut qualifier de « *continues* » et « *discontinues* » :

  - Répétitions continues : termes répétés produits successives

« ماهو ثمن <u>السفر السفر</u> يوم السبت إلى سوسة » (5)

« Quel est le prix de **voyage voyage** le samedi vers Sousse »

  - Répétitions discontinues : qui acceptent l'insertion d'un ou plusieurs autres éléments entre les termes répétés.

« ماهو نوع القطار الذي يصل <u>إلى قابس أمم أمم أمم إلى قابس</u> على الساعة السابعة » (6)

« Quel est le type de train qui arrive **vers Gabes hum hum hum vers Gabes** à sept heures ».

## 3.2. Autocorrection

L'autocorrection est définit comme toute correction faite par le locuteur lui-même, menant à une interruption de la production orale en cours. Ce phénomène est similaire à celui de répétition, à la différence qu'il y a substitution d'un mot ou plusieurs mots par d'autres. En effet, la portion corrigée permet de modifier ou de clarifier, d'une façon plus au moins forte, le sens de l'énoncé plutôt que de simplement le répéter (totalement ou en partie) [Bove, 2009]. Cela veut dire que l'autocorrection n'est pas complètement aléatoire et porte souvent sur un segment qui peut compter un ou plusieurs syntagmes. C'est pourquoi elle est fréquemment accompagnée par une répétition partielle du segment corrigé comme dans l'exemple suivant :

« أريد وقت القطار **نحو صفاقس عفوا نحو تونس** »  (7)

« Je voudrais l'horaire du train **vers Sfax pardon vers Tunis** »

Dans cet énoncé, l'autocorrection se fait en répétant le mot «**نحو**» « vers » et en remplaçant le mot «**صفاقس**» « Sfax » par le mot « **تونس**» « Tunis ». On note que les deux mots (corrigé et répété) ont la même catégorie sémantique « Station d'arrivée ».

Bove considère que dans l'autocorrection le travail de dénomination occupe une place importante et s'accompagne le plus souvent de commentaires explicites [Bove, 2008]. Le locuteur évalue explicitement la bonne adéquation des mots qu'il a choisis en les révoquant pour finalement les modifier. À cet égard, le chercheur distingue deux configurations principales d'autocorrections :

- Reprise avec enrichissement lexical :

« أريد حجز **أربعة تذاكر عفوا أربعة تذاكر ذهاب** إلى توزر »  (8)

« Je voudrais réserver **quatre billets pardon quatre billets aller simple** vers Touzer »

- Correction à proprement parlé, où le locuteur tient à corriger et non à préciser une séquence d'origine qui, de son point de vue, est visiblement erronée et prononce une autre séquence qui est différent à la séquence d'origine :

« أريد مبلغ تذكرة **لا** متى سفر قطار تونس »  (9)

« Je voudrais le prix d'un billet **non** à quel heure le départ du train vers Tunis »

Aussi, Bove a signalé dans sa thèse que les autocorrections dont le fonctionnement se révèle également proche de celui des énumérations [Bove, 2008]. Cette proximité s'avère délicate lorsqu'on cherche, par exemple, à identifier automatiquement une autocorrection, car la confusion avec une énumération est très fréquente. En effet, l'énumération ou « *ensemble d'items* » correspondant à une succession d'éléments ayant la même fonction syntaxique et dépendant de la même tête.

« ماهو معلوم تذكرة ذهاب' ذهاب و إياب » (10)

« Quelle est le prix d'un billet **aller simple**, **aller et retour** »

## 3.3. Amorce

Les amorces sont fréquentes dans la production orale spontanée. En effet, Henry et Pallaud montrent que sur un corpus d'environ 46000 mots on trouve en moyenne quatre amorces tous les 1000 mots. Soit pour un débit moyen de 200 mots par minute une amorce toutes les 75 secondes [Henry et Pallaud, 2003].

Par ailleurs, Kurdi [Kurdi, 2003] précise que bien qu'elles ne soient pas une fin en soi dans le traitement de la parole spontanée, les amorces (qu'ils nomment « mots incomplets ») constituent un indicateur assez important pour la détection des autres disfluences (autres que les pauses silencieuses ou remplies et les amorces de mots).

Les amorces ne sont pas toutes semblables, on peut identifier trois types d'amorces. Lorsqu'il y a une réduction définitive dans la catégorie sémantique (dans ce cas l'amorce est dite inachevée) et les unités qui suivent occupent une autre catégorie sémantique. Si l'élément suivant l'amorce ne change pas de catégorie sémantique, deux cas sont alors possibles : soit il y a un piétinement du mot et une simple reprise puis poursuite du morphème inachevé (on parle ici d'une amorce complétée) ; soit il y a une modification lexicale complète (on parle ici d'une amorce modifiée). Les exemples qui suivent permettent de distinguer ces trois catégories :

• Amorces sur une même catégorie sémantique :

- **Complétées** : le mot commencé et interrompu se trouve complété.

« أريد ثمن 3 تذ- تذكرة إلى سوسة » (11)

« Je veux savoir le prix de 3 **bil- billet** vers Sousse »

Dans cet exemple, l'amorce est complétée immédiatement sans reprise d'autres éléments. Il s'agit donc des amorces où le locuteur complète finalement ce que, dans un premier temps, il n'avait qu'ébauché pour s'interrompre aussitôt.

- **Modifiées** : le locuteur ne complète pas ce qu'il avait commencé à dire mais « corrige » et poursuit par un autre élément qui est de même catégorie sémantique que l'élément interrompu.

« ما هو ثم- (ثمن) كلفة تذكرة إلى سوسة »                    (12)

«Quelle le **pr- (prix) coût** d'un billet vers Sousse »

Dans cet exemple, le locuteur commence à prononcer le mot « ثمن » « prix » mais il interrompe l'énonciation et commence un autre mot « كلفة » «coût» qu'est de même catégorie sémantique que le premier mot.

• Amorces sur une catégorie sémantique différente :
- **Inachevées** : Ce qui suit l'amorce appartient à une catégorie sémantique différente. Ces amorces sont des lapsus interrompus et non corrigé par la suite.

« أريد مسا- (مسار) لائحة السفرات نحو الجم »                    (13)

« Je voudrais la **traj- (trajet) la liste** des voyages vers El-Jam »

Dans cet exemple, le locuteur interrompe l'énonciation du mot « مسار » « trajet » et commence à prononcer un autre mot « لائحة » « liste ». Dans ce cas, les deux mots ont des catégories sémantiques différentes.

## 3.4. Hésitation

L'hésitation ou pause remplie est l'un des phénomènes les plus caractéristiques de la production de la parole spontanée. En général, les pauses sont produites lorsque le locuteur veut se donner du temps pour préparer le reste de son énoncé. Deux types de pauses sont couramment observés à l'oral :

• **Les pauses simples** : les pauses simples sont caractérisées par l'absence totale du signal de la parole pendant un lap de temps dont la durée varie selon les locuteurs [Lickley, 1994]. D'un point de vue fonctionnel, la pause a principalement pour fonction de préparer le reste de l'énoncé.

• **Les pauses remplies ou hésitations** : les pauses remplies dans la production orale peuvent se manifester de diverses manières : soit par le recours à un morphème spécifique soit en prenant la forme d'un allongement de syllabe. Elles constituent en quelque sorte un signal conventionnel de la part du locuteur, lui permettant d'occuper le terrain de l'interaction et d'éviter d'être interrompu pendant le lap de temps nécessaire à la construction de la suite de son énoncé [Campione et Veronis, 2004].

D'après Campione et Veronis [Campione et Veronis, 2004], il y a deux sortes de pauses remplies : *i)* celles qui sont internes à un segment donné. Elles permettent de marquer une interruption suivies ou non d'une reprise et/ou d'une réparation (81% des cas). *ii)* Dans 19% des cas, elle se situe au début de segment ; il ne s'agit alors pas d'une interruption liée à une difficulté de mise en place lexicale ou syntaxique ; il s'agit pour le locuteur d'occuper le terrain en attendant de trouver une suite au discours et d'éviter ainsi que l'interlocuteur prenne la parole [Campione et Veronis, 2004].

Le « euh » d'hésitation est une voyelle prononcée indépendamment avant ou après un mot. Ce phénomène apparaît comme le reflet de difficultés que rencontre ponctuellement le locuteur dans ses opérations mentales de « *travail de formulation* » liées à la production du discours [Morel et Danon-Boileau, 1998].

## 3.5. Faux départ

Comme nous avons vu précédemment, les phénomènes comme les répétitions ou les autocorrections introduisent une rupture syntaxique mineure de l'énoncé, cependant les faux départs posent des problèmes syntaxiques plus importants car ils contiennent des ruptures syntaxiques profondes. Strassel présente ce phénomène comme un cas où le locuteur abandonne un énoncé ou un constituant, qu'il ne corrige, ni ne répète partiellement ou complètement, mais au lieu de cela restructure l'énonciation et recommence [Strassel, 2003]. Elle ajoute également que le plus souvent, les faux départs n'ajoutent pas d'information à l'ensemble du discours.

Les faux départs peuvent également être perçus comme des échecs de la part du locuteur qui l'obligent à changer de construction [Blanche-Benveniste, 2000]. Par exemple, un locuteur peut abandonner sa tentative de définition pour procéder par une suite d'illustrations. Une autre possibilité est que le locuteur lance une construction qu'il semble abandonner mais qu'en fait reprend un peu plus loin.

Assie illustre trois possibilités d'interprétations pour un énoncé contenant les faux départs [Assie, 2005] :

- Un effet d'indicible où le locuteur cherche ses mots.
- Un échec amenant le locuteur à changer de construction.
- Une construction semble être abandonnée mais est finalement reprise plus loin.

Kurdi définit ce phénomène comme étant l'abondant de ce qui à été dit et du recommencement d'un autre énoncé [Kurdi, 2003]. Syntaxiquement, cela se manifeste par la succession d'un segment incomplet (ou mal formé) et d'un segment complet. Il ajoute aussi que contrairement à l'autocorrection, il n'existe aucune analogie entre le segment remplacé et le reste de l'énoncé. Cette forme de disfluence est la plus difficile à traiter étant donné que les critères de détection (essentiellement l'incomplétude d'un segment) sont très vagues et peuvent mener à de nombreux problèmes à la fois de surgénération et de sous-génération [Kurdi, 2003].

## 4. Principales approches pour le traitement de disfluences

Lorsqu'on l'envisage d'un point de vue informatique, l'expression orale spontanée comporte deux composantes. D'une part l'aspect reconnaissance de parole. Il s'agit de la reconnaissance et du traitement du son qui a été produit. Les méthodes employées utilisent les paramètres classiques décrits en phonétique : durée du signal, intensité, force, etc. Les différentes caractéristiques du signal sont analysées selon différentes méthodes mathématiques (coefficients spectraux, Modèles de Markov Cachés, etc.). Au final, le but est de décoder le signal, de manière à obtenir sa décomposition en unités signifiantes (les phonèmes). À partir de cette suite d'unités, le moteur de traitement du signal reconstitue des unités plus larges : mots, syntagmes, phrases ...

C'est en sortie du moteur de *reconnaissance de parole* qu'intervient la deuxième composante, qu'on désigne habituellement par *compréhension de la parole*. Il s'agit d'interpréter la signification d'ensembles d'éléments lexicaux (habituellement un ou plusieurs énoncés) qui ont été produits par le système de traitement du signal.

Nous suivons cette distinction pour répertorier les différentes approches de traitement automatique des disfluences : selon qu'elles interviennent au niveau de reconnaissance de la parole, ou au niveau de la compréhension de la parole.

## 4.1. Niveau reconnaissance

Les travaux basés spécifiquement sur le traitement du signal lui-même sont assez rares. Cela est normal étant donné la difficulté pour traiter le signal sans erreurs ou avec le minimum d'erreurs. Malgré les évolutions de la technologie de traitement du signal, il y a encore beaucoup de progrès à faire.

Dans ce niveau nous distinguons deux types d'approches : l'approche « d'analyse d'abord » de SRI et l'approche stochastique à base de patrons.

### 4.1.1. L'approche « d'analyse d'abord » de SRI

L'approche développé au sein de SRI [Bear et *al*., 1992], Fondée sur 607 énoncés contenant des disfluences extraites du corpus ATIS (*Air Travel Information Services*), et constitue l'un des premiers travaux sur les disfluences dans un cadre applicatif.

La première étape de ce travail consistait à proposer un schème de notation qui combine la simplicité à la finesse nécessaire pour la représentation des différentes formes de disfluences. Les aspects de base de ce schème de notation sont les suivants [Bear et *al*., 1992] :

• Le point d'interruption est représenté par une barre verticale (|).

• Correspondance identique : pour montrer que deux mots aux deux côtés d'une interruption sont identiques, on les marque **M** (M est la première lettre du mot anglais *matching*).

• Le remplacement : indique le remplacement d'un mot avant le point d'interruption par un mot après. On les marque **R** (R est la première lettre du mot anglais *remplacement*).

- Les deux mots doivent être similaires morphologiquement. En général ils doivent être de la même catégorie ou d'une variante morphologique de celle-ci comme les cas d'amalgames : *I*/*I'd*.

- Mots neutres : tous les mots dans la zone de disfluence sont notés *X*.

- Un tiret (-) est ajouté aux signes précédents en cas d'incomplétude (amorce).

```
I   want   fl-   flights  to  Boston
           M1-  |  M1

What   what   are  the  fares
M1   |   M1

Show  me  flights   daily  flights
           M1   |   X       M1
```

Il s'agit de combiner l'analyse syntaxique et sémantique (afin de réduire les surgénérations des patrons) avec la technique de reconnaissance de patron « *pattern matching* » (pour détecter les phénomènes simples tel que, la répétition d'une séquence de mots comme I would like a book I would like a flight ou des anomalies syntaxiques simples comme : «*a the*», ou «*to from*», etc).

Ainsi, l'analyse se fait selon deux étapes : une analyse syntaxique et sémantique puis la reconnaissance des patrons.

- Les parties des énoncés qui ont été correctement traitées dans l'étape d'analyse syntaxique et sémantique et qui sont signalées comme étant disfluents par le reconnaisseur de patrons sont considérées comme des surgénérations (*false-positive cases*).

- Les parties d'énoncés incomplètement analysées syntaxiquement et sémantiquement et qui sont signalées par le reconnaisseur de patrons comme étant disfluents sont considérées comme étant des disfluences réelles.

L'inconvénient principal de cette combinaison est qu'elle est incompatible avec les approches d'analyse partielle qui sont les plus adaptées au traitement de l'oral. Cela nous met devant un dilemme. D'une part, l'utilisation d'une méthode d'analyse partielle (qui réussit pratiquement toujours à donner une analyse) nous empêche de juger la grammaticalité d'un énoncé et par conséquent rend ce type de combinaison impossible. D'autre part, les méthodes d'analyse classiques sont bien adaptées pour le jugement de grammaticalité (tous les énoncés analysés sont complètement corrects grammaticalement) mais elles échouent souvent à traiter correctement des phénomènes syntaxiques propres ou fréquents à l'oral comme les problèmes d'accord, les ellipses, etc. Par ailleurs, des échecs causés par l'un de ces phénomènes peuvent conduire à une erreur de jugement d'une disfluence. De plus, le jugement d'une grammaticalité d'un énoncé n'est pas informatif concernant la surgénération d'un patron lorsqu'on a un énoncé avec plusieurs segments détectés comme correspondant à des disfluences. En effet, on ne sait pas si tous les segments sont réellement disfluents ou si seulement certains d'entre eux le sont. Finalement, cette approche rend le module de traitement des disfluences complètement dépendant de l'analyseur syntaxique et par conséquent elle réduit considérablement sa portabilité (on ne peut pas utiliser le module de traitement des disfluences avec d'autres systèmes).

## 4.1.2.    Approche stochastique à base de patrons

Ce travail est réalisé dans le cadre du projet américain TRAINS à l'université de Rochester. Le corpus utilisé a été spécialement collecté par Heeman et Allen [Heeman et Allen, 1995] pour étudier les disfluences de l'oral. La première étape de ce travail a consisté à proposer une version modifiée du schéma d'annotation des chercheurs de SRI.

La différence principale entre le schème de Heeman et celui de SRI est que celui de Heeman ne permet pas le partage de la zone remplacée dans le cas de disfluences imbriquées.

Différentes sources d'informations ont été utilisées dans la détection et la correction des disfluences. Ces sources couvrent l'identité des mots (pour les répétitions), des informations syntaxiques de bas niveau, les transitions entre les mots et les indices acoustiques et prosodiques (en particulier le silence). Suite à l'annotation des disfluences, Heeman obtient 1302 cas de disfluence avec 160 structures différentes [Heeman, 1997]. Afin d'éviter les surgénérations de certains patrons, Heeman propose une série de règles pour les contraindre [Heeman et Allen, 1994]. Ces règles portent essentiellement sur la forme de la zone d'édition et sa localisation par rapport au point d'interruption d'une part et le reste de disfluence d'autre part. Par ailleurs, pour intégrer les différentes sources de connaissance, il utilise un modèle de langage basé sur les catégories morpho-syntaxiques plutôt que sur les mots.

- **Limites de l'approche de Heeman**
- **Insuffisance de l'information fournie par l'analyseur morphologique** : l'utilisation des étiquettes comme l'unique source de connaissance morphologique pour le traitement de certains phénomènes est trop limitative. En effet, dans certains cas on a besoin d'informations morphologiques détaillées afin de pouvoir analyser correctement un cas de disfluence : personne, fonction syntaxique (sujet, objet pour les pronoms), etc.
- **Limitation syntaxique de n-grams** : cette limitation cache la dimension syntaxique et sémantique des disfluences. En effet, l'utilisation des n-grammes limite la prise en considération du contexte morphologique à quelques mots alors qu'on a parfois besoin de contexte plus important pour pouvoir détecter une disfluence.

## 4.2. Niveau compréhension

À ce niveau de traitement, nous distinguons deux principales approches pour le traitement des disfluences à savoir, l'approche à base de patrons et l'approche à base de méta-règles syntaxiques.

### 4.2.1.    Approche à base de patrons

Cette approche repose sur une modélisation préalable des disfluences sous la forme d'occurrences de patrons. L'avantage de cette approche est la simplicité de sa mise en œuvre, puisque les algorithmes de détection des disfluences à base de patrons sont relativement simples à concevoir. De plus, elle est généralisable à d'autres types de corpus ou de tâches.

Le travail de Kurdi porte sur le traitement du langage oral spontané dans le contexte du dialogue oral Homme-machine à travers le système *CORRECTOR* [Kurdi, 2003]. Dans son travail, Kurdi a désigné les disfluences par le terme « extragrammaticalités ». Ces extragrammaticalités sont classées dans deux groupes à savoir : les extragrammaticalités lexicales et les extragrammaticalités supralexicales. Pour les extragrammaticalités lexicales il s'agit d'un ensemble de phénomènes lexicaux propres à la langue parlée. Ces phénomènes peuvent avoir plusieurs formes et peuvent être de différentes natures : morphologique, phonétique comme les pauses, les mots oraux et les mots incomplet. Alors que les extragrammaticalités supralexicales désignent les phénomènes difficiles à traiter comme les répétitions, les autocorrections et les faux départs….

Afin de détecter les phénomènes d'extragrammaticalité, l'auteur tente de mêler deux tendances : *i)* la première tendance consiste à utiliser les deux techniques de n-grammes et de la reconnaissance de patrons pour traiter certains phénomènes comme les répétitions et les autocorrections, *ii)* la deuxième tendance consiste à modéliser syntaxiquement les amorces et les inachèvements. Kurdi préconise donc la combinaison entre les approches à base de patrons et celles d'analyses syntaxiques pour une approche que nous pourrions qualifier d' « hybride » destinée à optimiser le coût du rapport traitement/efficacité dans l'analyse des disfluences.

Un autre travail de Bove qui s'inscrit dans le cadre d'un travail d'équipe sur l'analyse morphologique et syntaxique du français parlé [Bove, 2008]. Il adopte une méthode « hybride » de reconnaissance de patrons (basée sur les catégories morpho-syntaxiques du corpus) couplée à un calcul de n-grammes pour détecter les différents phénomènes de disfluences. Ensuite, les énoncés disfluents précédemment analysés seront découpés en syntagmes minimaux non récursifs (ou *chunks*). Le corpus final est ainsi segmenté en *chunks* habituels (qu'on retrouve lors de l'analyse de l'écrit) à-côté des *chunks* disfluents dégagés lors de l'analyse [Bove, 2008]. Cependant, dans son travail, l'auteur n'a pas proposé une méthode pour la correction des disfluences détectées.

Dans un autre travail, Bouraoui expérimente le traitement automatique des disfluences dans le cadre du projet *VOICE* [Bouraoui, 2009] (un système permet de gérer les entrées vocales pouvant être produites par les pseudo-pilotes, en extraire le sens, et l'interpréter de manière à ce que les ordres reçus soient exécutés). L'objectif de ce travail est de faire une étude exhaustive des phénomènes de disfluences dans le contexte particulier du dialogue sur le contrôle aérien. L'auteur propose une méthode pour le traitement des disfluences basée sur la technique de la reconnaissance de patrons avec l'utilisation d'une série de règles dont le rôle est de compléter et de cadrer l'utilisation des patrons.

Deux types de patrons ont été utilisés : *i)* Patrons sans amorces ne concernent que les autocorrections. *ii)* Patrons avec amorces peuvent correspondre à d'autres phénomènes puisque les amorces ont un mode de fonctionnement spécifique.

L'approche à base des patrons présente certaines limites. Parmi ces limites, la stabilité des patrons obtenus. Le terme de stabilité désigne ici le nombre de patrons différents pouvant être dérivés à partir d'un phénomène donné. Dans la plupart des études sur les disfluences, un très grand nombre de patrons différents est obtenu pour représenter les disfluences, ou même un seul type de disfluences, telles que les autocorrections par exemple. Du fait de cette multiplicité de patrons à traiter, une prise en compte extensive impliquerait un algorithme lourd à mettre en œuvre.

### 4.2.2. Approche à base de méta-règles syntaxiques

Le travail de Core et Schubert, s'inscrit dans le cadre général de l'analyse robuste des dialogues au sein du groupe de dialogue de l'université de *ROCHESTER* [Core et Schubert, 1998]. La particularité principale de ce travail est l'introduction d'informations linguistiques (notamment la syntaxe) dans le traitement des disfluences d'une manière originale (différente de celle de SRI). Dans cette approche, le traitement se fait en deux étapes :

• Détection des disfluences : la détection des disfluences s'effectue à l'aide d'un modèle de langage statistique (celui de Heeman [Heeman, 1997]). La principale fonction de ce module est de détecter les disfluences et de proposer une première délimitation de chacune d'entre elles.

• Analyse syntaxique : il s'agit ici de donner une interprétation couvrant la totalité des mots de l'énoncé d'entrée. Pour cela, les disfluences détectées par le module statistique sont analysées à l'aide de méta-règles dédiées spécialement à cette tâche. La différence principale entre le traitement dans cette étape et celui de Heeman, vient du fait que le système ne prend pas en compte les relations entre les mots (comme c'est le cas dans l'approche de Heeman) mais plutôt les relations entre les structures syntaxiques qui dominent les mots.

Deux types de méta-règles sont alors utilisés pour le traitement des disfluences :

• La méta-règle de la Zone d'Edition (ZE) : basée sur une liste de mots qui peuvent potentiellement constituer une zone d'édition ou une partie d'elle, la méta-règle détecte tous les segments susceptibles d'être une zone d'édition.

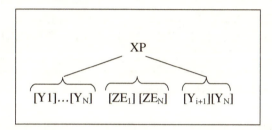

**Figure 2 : Méta-règle de la zone d'éditions [Bove,2008]**

XP peut correspondre à n'importe quel constituant d'un énoncé dont les sous-constituants (Y) peuvent être interrompus par une zone d'édition. La méta-règle permet d'analyser l'énoncé d'entrée sans considérer la zone d'édition (*i.e.*, en ignorant cette zone).

• La méta-règle des autocorrections et faux départ : sa fonction principale consiste à délimiter une disfluence amorcée (par le module précédent) en précisant le début et la fin des zones remplacées et remplaçantes puis, permet à l'algorithme d'ignorer la zone remplacée et de considérer uniquement la zone remplaçante.

Dans la figure 3, la nature des composantes XP et XP' n'est pas précisée, mais généralement, chaque composante est constitué d'un ensemble de syntagmes Z et Z' qui dépendent directement d'elle. Dans le cas d'autocorrection et faux départs, les syntagmes Z et Z' tendent à être du même type. Ces méta-règles sont implantées selon le même principe que les méta-règles de la zone d'édition : les arcs qui se terminent avant la zone remplacée sont liés directement au début de la zone remplaçante, permettant ainsi de traiter l'énoncé en ignorant la zone remplacée (ainsi que la zone d'édition qui peut la suivre).

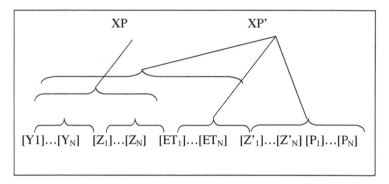

**Figure 3 : Méta-règle de traitement des autocorrections et faux départ [Bove, 2008]**

Le travail de Mckelvie adopte cette approche dans le cadre d'un projet qui vise l'analyse syntaxique des dialogues oraux spontanés au sein de l'université d'Edinburgh [Mckelvie, 1998]. Comparé au travail de Core et Schubert, Mckelvie ajoute deux catégories syntaxiques outres celles qui sont classiques à savoir, les syntagmes d'éditions (spécifiques aux disfluences) et les marqueurs discursifs (e.g., oui, bon, etc.). L'idée principale de ce travail reste semblable à celle de Core et Schubert. Le plus apporté par l'auteur est le fait d'ignorer tous les syntagmes d'éditions et les marqueurs discursifs qui apparaissent après un constituant de confiance (pertinent et correct pour l'auteur) [Core et Schubert, 1999]. Ainsi, l'analyseur syntaxique proposé pour le traitement des dialogues oraux garanti une certaine robustesse face aux disfluences.

L'inconvénient principal de cette approche réside dans l'utilisation des méta-règles syntaxiques elles-mêmes. D'un côté, les méta-règles syntaxiques sont difficiles à recenser et à mettre en œuvre. D'un autre côté, l'utilisation de méta-régles syntaxiques dans une analyse multiplie le temps de calcul d'environ trois fois. En effet, le temps de traitement d'un énoncé avec un analyseur simple est de 0,36 secondes alors qu'avec un analyseur enrichi par les méta-règles, le temps est de 0,91 secondes. En d'autres termes, l'ajout des méta-règles a multiplié par trois environ le temps de calcul.

# 5. Conclusion

Dans ce premier chapitre, nous avons présenté les caractéristiques de l'oral spontané. Ensuite, nous avons mis l'accent sur le terme « disfluence ». Nous avons aussi présenté les différents phénomènes liés à l'oral à savoir, les répétitions, les autocorrections, les amorces, les hésitations et les faux départs. Enfin, nous avons exposé les principales approches présentées dans la littérature pour la détection et la correction automatique des disfluences.

Dans le chapitre suivant, nous donnons des statistiques et une analyse linguistique des ressources relevées à partir de notre corpus d'étude.

# Analyse statistique et interprétative du corpus d'étude

# 1. Introduction

Dans le présent chapitre, nous présentons notre corpus d'étude ainsi que la distribution des phénomènes de disfluences à savoir, les répétitions, les autocorrections, les amorces et les hésitations. Nous présentons, tout d'abord, une distribution des patrons. Le but de ces patrons est de pouvoir rendre compte des phénomènes de l'oral spontané et de connaître la nature des éléments situés dans la zone disfluente. Aussi, nous exposons une distribution des segments conceptuels.

# 2. Corpus d'étude

Vu que les ressources linguistiques arabes sont très rares, nous étions amenés à créer notre propre corpus d'étude selon la technique du *Magicien d'Oz*. Cette technique fait simuler le comportement de la machine par un compère humain (*i.e.*, le magicien) à l'insu de l'utilisateur.

Le tableau 1 illustre les caractéristiques du corpus d'étude à savoir, le nombre de locuteurs, le nombre de dialogues, la taille d'enregistrement en heures, le nombre d'énoncés et le nombre de mots.

| Nombre de locuteurs | Nombre de dialogues | Taille en heures | Nombre d'énoncés | Nombre de mots |
|---|---|---|---|---|
| 50 | 300 | 11 | 7590 | 92598 |

Tableau 1 : Caractéristiques du corpus d'étude [Bahou et *al.*, 2010a]

# 3. Distribution des phénomènes de disfluences

Dans cette section, nous exposons la distribution générale de l'ensemble des disfluences à savoir, les répétitions, les autocorrections, les amorces et les hésitations.

Après avoir collecté le corpus, nous avons réalisé une étude quantitative permettant d'illustrer la typologie des phénomènes de disfluences. Les résultats quantitatifs répertoriés dans le graphe ci-après illustrent les types de disfluences présent dans le corpus d'étude. Ils permettent d'avoir une idée sur leur fréquence d'apparition.

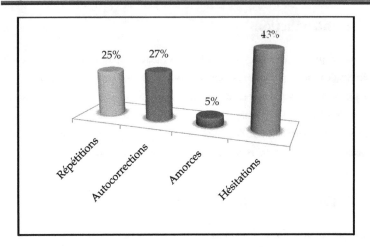

**Figure 4: Répartition des disfluences selon le type [Bahou et *al.*, 2010b]**

Nous avons relevé 1235 disfluences : les hésitations constituent le type le plus largement représenté (43%). Les autres types sont répartis de manière plus homogène : leur pourcentage varie entre 25% pour les répétitions et 27% pour les autocorrections. Les amorces représentent le pourcentage le plus faible (5%).

L'étude du corpus soulève des questions notamment celles de savoir quelles sont les catégories sémantiques principalement touchées par chacun des phénomènes. L'étude qui suit ne permet aucune généralisation mais simplement quelques remarques sur la fréquence des phénomènes attestés dans une situation de parole spontanée, ainsi que sur leurs typologies et principalement les catégories sémantiques touchées.

## 3.1. Hésitation

Nous relevons 531 hésitations dans notre corpus d'étude. L'hésitation constituant le type de disfluence le plus présenté (43%). Il convient donc d'étudier en détail la distribution de ce phénomène.

| Corpus d'étude | Notre corpus | Bouraoui | Kurdi |
|---|---|---|---|
| Nombre et pourcentage d'hésitation | 531 (43%) | 2583 (3,38%) | 3512 (6,75%) |

**Tableau 2: Tableau comparatif pour le phénomène d'hésitation**

Le tableau 2 montre qu'il y a également moins d'occurrences d'hésitations dans notre corpus d'étude que ceux des autres travaux référencés. Dans le corpus de Bouraoui [Bouraoui, 2009] il y a 2583 occurrences d'hésitations. De ce fait, il y a proportionnellement moins d'occurrences d'hésitations dans notre corpus.

Dans ce qui suit, nous décrivons les différentes formes d'hésitations recensés du corpus ainsi que la fréquence d'apparition de chaque occurrence.

| Elément | Occurrences |
|---|---|
| أم | 230 |
| أمم | 101 |
| أه | 75 |
| أممم | 125 |
| **Total** | **531** |

**Tableau 3: Nombre des occurrences des hésitations**

## 3.2. Répétitions

Nous relevons 308 répétitions, qui correspondent à 25% du total des disfluences. Le tableau suivant résume une comparaison avec d'autres travaux.

| Corpus d'étude | Notre corpus | Bouraoui | Kurdi |
|---|---|---|---|
| Nombre et pourcentage de répétition | 308 (25%) | 20 (0,03%) | 256 (0,49%) |

**Tableau 4: Tableau comparatif pour le phénomène de répétition**

Comparé à d'autres travaux, notre corpus d'étude comprend un nombre important de répétition par rapport à d'autre corpus.

Suite à l'étude quantitative, nous avons fait une étude qualitative pour les répétitions concernant leurs structures, leurs tailles et leurs catégories sémantiques. Dans les sections suivantes nous montrons le résultat de l'aspect qualitatif et les différents axes d'étude.

### 3.2.1. Critères de classification des répétitions

D'après la définition proposée par Candéa toute répétition se compose de deux éléments : un premier élément le « répétable » et un deuxième élément le « répété » [Candéa, 2000].

Malgré ce trait commun qui permet de les définir, les répétitions ne sont pas toutes semblables. Nombreuse critères permettent de trier et de classifier de manière plus fine les différents types de répétitions :

• **La longueur du répétable** c'est-à-dire le nombre d'éléments (Nel) contenus dans le motif répété (le répétable). Certains motifs ne présentent qu'une seule unité (exemple (1)) et d'autre en compte plusieurs (exemple (2)).

(Nel=1) « بكم بكم ثمن تذكرة في قطار عادي »          (1)

« Combien coûte combien coûte un billet dans un train normal »

(Nel=2) « ماهو طريق قطار سريع قطار سريع »          (2)

« Quelle est le trajet du train rapide train rapide »

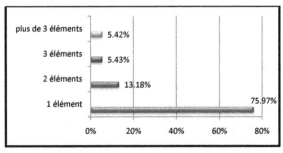

**Figure 5: Nombre d'éléments contenus dans le répétable**

À partir de la figure 5, nous pouvons dégager que environ 76% des cas de répétitions portent principalement sur une seule unité ; dans 13% des cas, elles portent sur deux unités et dans seulement 5% des cas le répétable comporte trois éléments ou plus.

• **L'empan de la répétition**, c'est-à-dire le nombre de fois où les éléments du répétable sont répétés après le répétable (Nr). Certains motifs ne présentent qu'une seule fois où les éléments du répétable sont répétés après le répétable (exemple (3)) et d'autre en compte plusieurs (exemple (4)).

(Nr=1) « ثمن تذكرة من تونس **إلى سوسة إلى سوسة** »                                         (3)

« Prix de billet de Tunis **vers Sousse vers Sousse** »

(Nr=2) « كم استغرق سفر القطار **السريع السريع السريع** إلى تونس »                      (4)

« Combien de temps avez le Voyage du train **rapide rapide rapide** vers Tunis »

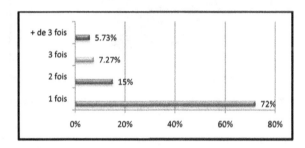

**Figure 6: Nombre de fois où les éléments du répétable sont répétés après le répétable**

À partir de la figure 6, nous pouvons lire que 72% des cas de la répétition porte principalement sur un seule élément du répétable répété après le répétable dans 15% des cas elle porte sur deux éléments et dans seulement 7.27% des cas le répétable comporte trois éléments après le répétable et environs 6% comporte plus de trois éléments.

• **La succussion des termes répétés** c'est-à-dire la présence ou non d'autres éléments à l'intérieur de la répétition. En effet, certains termes sont produits en contiguïté alors que pour d'autres on relève la présence de divers éléments à savoir, allongement, pause remplie ou bien un autre mot ou groupe de mots.

« ماهو وقت انطلاق **القطار القطار** نحو تونس »                                         (5)

« Quelle est l'horaire de départ du **train train** vers Tunis »

Dans l'énoncé (5) le mot «القطار» «train» se répète d'une manière successive, c'est-à-dire la répétition se produit en contiguïté.

(6)     « ماهو نوع القطار الذي يصل **إلى قابس** أمم أمم أمم **إلى قابس** على الساعة السابعة »

« Quel est le type de train qui arrive **vers Gabes hum hum hum vers Gabes** à sept heures ».

Dans l'énoncé (6) on remarque la présence d'autres éléments à l'intérieur de la répétition à savoir, les occurrences d'hésitations «أمم» «**hum**».

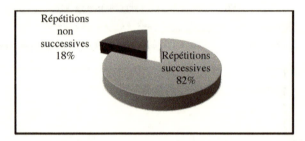

**Figure 7: Pourcentage des répétitions successives et des répétitions non successives**

D'après cette figure, nous avons remarqué que les répétitions successives sont majoritaires (82% des cas) par rapport aux répétitions non successives qui représentent seulement 18 % des cas.

### 3.2.2.     Catégories sémantiques des répétitions

Nous nous intéressons à présent à la nature du répétable en terme de catégories sémantiques en se basant sur les étiquettes sémantiques de chaque mot. Le tableau qui suit décrit les différentes catégories sémantiques du répétable.

| Elément | Occurrence |
|---|---|
| Marqueur linguistique | 35 (11,36%) |
| Station (départ, arrivée…) | 96 (31,16%) |
| Mot de référence (tarif, horaire, réservation…) | 71 (23,05%) |
| Nombre (heure, billet…) | 23 (7,46%) |

| | |
|---|---|
| Type billet | 38 (12,33%) |
| Type train | 45 (14,61%) |
| **Total** | **308** |

**Tableau 5: Catégories sémantiques touchées par les répétitions**

D'après le tableau 5, nous remarquons que les répétitions touchent les mots vides (comme les marqueurs linguistiques qui ont pour rôle de faciliter l'extraction et la recherche d'information) et les mots pleins (comme les stations, les heures... qui se définissent davantage par leur contenu sémantique).

### 3.2.3.    Combinatoire des répétitions

Après avoir classé nos répétitions en fonction de la longueur du répétable et de la catégorie sémantique, nous proposons d'observer la combinatoire du phénomène de répétition en prenant la typologie établie dès le début concernant la répétition : la succession des termes répétés (présence ou non d'autres éléments à l'intérieur de la répétition) ainsi que le nombre d'éléments répétés.

À l'issu de cette combinaison, nous avons établi quatre catégories de répétition à savoir, répétition simple, répétition multiple, répétition directe et répétition associé.

• Répétition « simple » : répétable suivie d'un seul élément répété.

• Répétition « multiple » : qui contient plusieurs éléments répétés).

• Répétition « directe » : c'est-à-dire produite en contiguïté.

• Répétition « associée » : elles sont alors accompagnées d'autres marques de production à savoir, hésitation, mot....

Le tableau suivant présente la répartition des différents types de répétition:

| | Directe | Associée | Total |
|---|---|---|---|
| **Simple** | 114 | 67 | 181 |
| **Multiple** | 44 | 18 | 62 |
| **Total** | 158 | 85 | 243 |

**Tableau 6 : Répartitions des types de répétitions dans le corpus d'étude**

À la lumière de ces résultats, nous constatons que les répétitions simples sont largement majoritaires puisqu'elles représentent, de par leur effectif, 181. Les répétitions multiples ne présentent que 62 sur le total des occurrences. Ces chiffres nous éclairent sur le fonctionnement des répétitions : le répétable unique va être plus souvent rencontré que plusieurs éléments répétés. Ainsi, dans la plupart des cas, lorsque le locuteur produit une répétition, il ne va répéter qu'une seule fois l'élément (répétable+répété).

### 3.3. Autocorrection

Nous relevons 333% autocorrections dans le corpus ce qui correspond à 27% des disfluences. Le tableau 7 résume les résultats de comparaison avec d'autres travaux.

| Corpus d'étude | Notre corpus | Bouraoui | Kurdi |
|---|---|---|---|
| Nombre et pourcentage d'autocorrection | 333 (27%) | 151 (2,54%) | 241 |

**Tableau 7: Tableau comparatif pour le phénomène d'autocorrection**

Suite à l'étude quantitative, nous avons fait une étude qualitative pour les autocorrections concernant leurs structures, leurs tailles et leurs catégories sémantiques. Dans les sections suivantes nous montrons le résultat de l'aspect qualitatif et les différents axes d'étude.

### 3.3.1.    Critères de classification d'autocorrection

D'après la définition proposée par Candéa pour l'autocorrection, chaque phénomène d'autocorrection se compose de deux éléments : un élément définit la séquence d'origine (séquence qui fait l'objet de la correction) et un élément définit la séquence autocorrigée [Candéa, 2000].

Malgré ce trait commun qui permet de les définir, les autocorrections ne sont pas toute semblables. Nombreuse critères permettent de trier et de classifier de manière plus fine les différents types d'autocorrections :

• La **longueur** de la séquence d'origine et la séquence autocorrigée. C'est-à-dire le nombre d'éléments (Nel) contenus dans le motif d'origine et le nombre d'éléments contenus dans le motif autocorrigé. Dans certains motifs la longueur de la séquence d'origine est égal à la longueur de la séquence autocorrigée à titre d'exemple l'énoncé (7). Par contre il y a d'autres motifs où la longueur de ces deux séquences est différent, prenons l'énoncé (8) comme exemple.

«أريد وقت القطار **نحو صفاقس عفوا نحو تونس**» (7)

« Je voudrais l'horaire du train **vers Sfax pardon vers Tunis** »

Dans l'exemple (7) la longueur de la séquence d'origine « نحــو صفـاقس » « vers Sfax » est égal à la longueur de la séquence autocorrigée « نحـو تـونس » « vers Tunis ». Le nombre d'éléments dans ces deux séquences égal à deux éléments. En effet, les deux séquences (séquence d'origine et séquence autocorrigée) sont de même taille.

« أريد حجز **أربعة تذاكر عفوا أربعة تذاكر ذهاب** إلى توزر » (8)

« Je voudrais réserver **quatre billets pardon quatre billets aller** vers Touzer »

Dans l'exemple (8) la longueur de la séquence d'origine « أربعــة تذاكر » « quatre billets» est égal à deux alors que la longueur de la séquence autocorrigée « أربعـة تـذاكر ذهـاب » « quatre billets aller » est égal à trois. En effet, les deux séquences (séquence d'origine et séquence autocorrigée) sont de taille différente.

**Figure 8: Pourcentage des autocorrections de taille différente et de même taille**

D'après la figure 8, on remarque que les autocorrections qui ont la même taille sont majoritaires (65% des cas) par rapport aux autocorrections de taille différentes (35 % des cas).

• La **catégorie sémantique** de la séquence d'origine et la séquence autocorrigée. C'est-à-dire la catégorie sémantique d'éléments contenus dans le motif d'origine et la nature sémantique d'éléments contenus dans le motif autocorrigé peuvent être identique (exemple (9)) ou bien différente (exemple (10)).

« أريد حجز **أربعة تذاكر ذهاب** عفوا **أربعة تذاكر ذهاب-اياب** إلى توزر »        (9)

« Je voudrais réserver **quatre billets aller pardon quatre billets aller-retour** vers
Touzer »

Dans l'exemple (9) la catégorie sémantique de la séquence d'origine « تذاكر
أربعة ذهاب » «quatre billets aller » et la catégorie sémantique de la séquence
autocorrigée « أربعة تذاكر ذهاب-اياب » « quatre billets aller-retour » sont
identiques «Type et nombre billet ».

« أريد مبلغ تذكرة **لا** متى سفر قطار تونس »        (10)

« Je voudrais le prix d'un billet **non** à quel heure le départ du train vers Tunis »

Dans l'exemple (10) la catégorie sémantique de la séquence d'origine, «أريد
مبلغ تذكرة» «je voudrais le prix d'un billet », est « demande prix » alors que
la catégorie sémantique de la séquence autocorrigée, « متى سفر قطار » « à
quel heure le départ du train », est « demande horaire ».

Le tableau 8 présente l'effectif de différentes catégories sémantiques de la
séquence d'origine :

| Séquences d'origine | |
|---|---|
| Catégorie sémantique | Effectif |
| Station (départ ou arrivée) | 108 |
| Mot de référence (tarif, horaire…) | 76 |
| Marqueurs linguistiques (Marq_ville départ, Marq_billet…) | 27 |
| Nombre (billet, heure…) | 16 |
| Type billet | 63 |
| Type train | 53 |
| **Total** | **333** |

**Tableau 8: Catégories sémantiques de la séquence d'origine**

### 3.3.2.    Autocorrections simples et complexes

Nous proposons de distinguer deux grandes catégories d'autocorrections : les autocorrections simples et les autocorrections complexes. Cette distinction s'appuie essentiellement sur le nombre d'éléments et leurs catégories sémantiques qui sont modifiés entre la séquence d'origine et la séquence autocorrigée.

Dans les autocorrections simples, le locuteur corrige un mot ou bien une séquence de mots par d'autres qui ont la même catégorie sémantique.

Les autocorrections complexes englobent les cas d'autocorrections où il y a plus d'un élément modifié et même la catégorie sémantique change. Nous incluons aussi les cas où le locuteur opère un changement de construction et dans les quels l'analogie entre la séquence d'origine et la séquence autocorrigée est moins probante. Les autocorrections qui s'entendent sur plusieurs mots et qui comptent plusieurs changement sémantiques sont également considérées comme des cas complexes.

À partir de cette classification, nous donnons ci-après la répartition des types d'autocorrections.

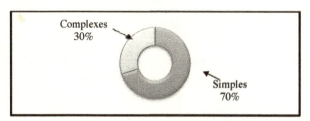

**Figure 9: Répartition des types d'autocorrections**

Les autocorrections simples sont majoritaires puisqu'elles représentent 70% du total des occurrences relevées.

## 3.4. Amorce

Nous relevons 61 cas distincts d'amorces dans notre corpus d'étude. Rappelons que les amorces se traduisent par une interruption de morphème en cours d'énonciation.

Rappelons aussi que dans le premier chapitre, nous avons distingué trois grandes catégories d'amorces à savoir amorce complétée, amorce modifiée et amorce inachevée. Le tableau 9 montre la distribution de ces types d'amorces.

| Types d'amorce | Effectif absolu |
|---|---|
| Amorce complétée | 49 |
| Amorce modifiée | 10 |
| Amorce inachevée | 2 |
| **Total** | **61** |

**Tableau 9: Répartition des types d'amorces**

Les amorces complétées sont majoritaires dans le corpus puisqu'elles représentent 49 cas, viennent ensuite celles qui sont modifiées (10 cas). L'apparition des amorces inachevées est très faible puisque nous ne relevons que 2 cas seulement.

### 3.4.1. Catégories sémantiques des amorces

Nous nous intéressons ici à la catégorie sémantique de l'amorce selon notre contexte d'étude. En effet, l'étiquetage sémantique attribue une étiquette « Hors-Vocabulaire » à ces amorces. Il s'agit pour nous de reconstituer le morphème inachevé et de lui attribuer l'étiquette sémantique correspondante. Dans le cas de l'amorce complétée, les plus nombreuses, il est plus facile d'identifier l'étiquette sémantique qui correspond le morphème amorcé dans la mesure où il est complété et qu'il est possible d'établir une corrélation entre l'élément amorcé et l'élément complété. En revanche, l'identification des amorces modifiées nécessite une interprétation plus importante.

Les catégories sémantiques des amorces (complétées et modifiées) concernant les mots pleins (station, type billet...) plus que les mots vides (marqueurs linguistiques...). Par mots pleins nous entendons les mots qui ont une importance pour la compréhension de l'énoncé bien que les mots vides se sont des mots qui facilitent l'extraction des informations et non pas à comprendre le sens de l'énoncé. La figure suivante montre la distribution des mots vides amorcés et mots pleins amorcés :

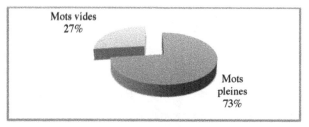

**Figure 10: Distribution des mots vides amorcés et mots pleins amorcés**

À la lumière de cette figure, nous avons remarqué que les mots pleines représentent 73% des cas alors que les mots vides représentes seulement 27%.

Dans ce qui suit, nous présentons les différentes catégories sémantiques avec leurs effectifs touchés par l'amorce que nous avons relevés dans l'ensemble de corpus d'étude. Le tableau 10 résume les sous catégorisation pour les mots pleins et le tableau 11 illustre les sous catégorisation pour les mots vides.

| Mots pleins | Effectif |
|---|---|
| Station (départ, arrivée...) | 22 |
| Mot-référence (tarif, réservation, billet...) | 16 |
| Type billet | 8 |
| Type train | 7 |
| Nombre (billet, heure...) | 2 |
| **Total** | **55** |

**Tableau 10: Sous catégorisation pour les mots pleins**

D'après ce tableau, nous avons remarqué que les amorces touchent les catégories sémantiques « station » (22 cas) et « mot de référence » (16 cas) plus que les autres catégories sémantiques à savoir, « type billet » (8 cas), « type train » (7 cas) et « nombre » (2).

| Mots vides | Effectif |
|---|---|
| Marqueur des villes | 4 |
| Marqueur des types (billet, train…) | 2 |
| Total | 6 |

**Tableau 11**: Sous catégorisation pour les mots vides

Le tableau 11 montre que les amorces concernent les catégories sémantiques « marqueur des viles » (4 cas) plus que les autres catégories sémantiques à savoir, « marqueur des types billet… » (2 cas).

## 4. Description des patrons observés

Dans cette section, nous présentons les différents patrons que nous avons relevés dans l'ensemble du corpus. Le but des patrons est de rendre compte de certains phénomènes de l'oral spontané, en les étiquetant. Les patrons observés sont classés en deux catégories : Patrons sans marqueurs de rectification et patron avec marqueurs de rectification.

• **Patrons sans marqueurs de rectification** : ce sont des patrons ne comprenant aucun autre symbole que ceux correspondant à la similitude et/ou le remplacement (respectivement « M » et « R »).

• **Patrons avec marqueurs de rectification** : ce sont des patrons comprenant tous les symboles à savoir, la similitude et/ou le remplacement et le marqueur de rectification.

Pour les composants des patrons, il existe quatre symboles différents, chacun correspond à un type d'élément (en général, des mots) relatif à un phénomène :

• **M** « *Matching word* » (autrement dit « mot correspondant », similitude). Comme son nom l'indique, il s'agit ici de rendre compte des cas où le même élément se trouve d'une part et d'autre de le marquer de rectification. Lorsque ce symbole apparaît plusieurs fois dans un même énoncé, chaque occurrence est associée à un index numérique qui permet de la distinguer des autres.

• **R** « *Replacement* » (« remplacement » en français). Il s'agit de tout élément situé dans le reparandum et faisant l'objet d'un remplacement dans la zone de correction.

Le remplacement peut être effectué par un mot appartenant à la même catégorie sémantique que le mot remplacé. Comme pour le symbole « M » et selon les mêmes conditions, un indice numérique est appliqué à ce symbole.

• MR « *Marqueur de Rectification* » désigne tous les marqueurs tels que «désolé » «عفوا» qui marque la réaction du locuteur à une disfluence apparue dans sa production orale.

Pour expliquer les différents composants de patron nous prenons à titre d'exemple, l'énoncé (11) qui représente un segment disfluent et son patron.

$$
\begin{array}{ccccccccc}
\text{تذكرة ذهاب – إيّاب من صفاقس} & & \text{تذكرة ذهاب} & \text{عفو} & | & \text{تذكرة ذهاب من صفاقس} \\
\text{M3} \quad \text{M2} \quad \text{R1} \quad \text{M1} & & \text{MR} & | & \text{M3} \quad \text{M2} \quad \text{R1} \quad \text{M1}
\end{array} \quad (11)
$$

Chaque patron est composé de trois parties. Le pivot est la *zone d'édition* (ou *Interruption Point*, que nous dénommerons dans la suite *point d'édition*), représentée par une barre verticale « I ». À gauche et à droite de celle-ci se situent respectivement le *Reparandum* et la zone de correction (*Repair*). C'est dans le cadre de l'ensemble constitué par ces deux zones que sont annotés les phénomènes. Prenons l'énoncé (12) comme exemple pour expliquer les trois d'un patron avec marqueur de rectification.

$$
\begin{bmatrix} \text{عفو} \\ (\textbf{\textit{pardon}}) \end{bmatrix}_{Interregnum} \quad \begin{bmatrix} \text{تذكرة ذهاب من صفاقس} \\ (\textbf{\textit{billet aller simple de Sfax}}) \end{bmatrix}_{Reparandum} \quad (12)
$$
$$
\begin{bmatrix} \text{تذكرة ذهاب – إياب من صفاقس} \\ (\textbf{\textit{billet aller – retour de Sfax}}) \end{bmatrix}_{Repair}
$$

## 5. Segments conceptuels

Avant de donner les statistiques des différents segments conceptuels observés dans notre corpus d'étude, il est nécessaire de définir et de préciser le terme « *segment conceptuel* ». Par segment conceptuel, nous entendons la succession des classes de mots dans un seul segment référant à un concept bien déterminé. C'est-à-dire, la séquence de classes de mots exprimant une même unité de sens [Bousquet, 2002]. Ainsi, une séquence de mots réalisant un segment conceptuel est une instance de ce segment conceptuel. Par exemple, la séquence de mots « من تونس » « de Tunis » est une instance du segment conceptuel Départ et fait référence au concept Départ.

Une classe de mots regroupe les mots appartenant à une même catégorie. Cette catégorie peut être sémantique (par exemple la classe de mots regroupant tous les noms de villes) ou grammaticale (par exemple la classe des articles) [Bousquet, 2002].

Dans notre application, celle du renseignement sur le transport ferroviaire (exemples : l'horaire d'un train, le prix), on a besoin des classes pour les noms des villes ou se trouve des stations de train, des dates, noms des jours, noms des mois, des types de ticket, etc.

• Classes de mot type ticket : {ذهـاب/ إيـاب/ذهـاب/ إيـاب و إيـاب} {aller/ retour/ aller retour}.

• Classes de mot jour : {أحد/اثنـان/ثلاثاء/أربعـاء/خمـيس/جمعـة/سبـت} {dimanche/ lundi/ mardi/ mercredi/ jeudi/ vendredi/ dimanche}.

• Classes de mot station: {قـابس/تـونس/صـفاقس/تـوزر/سوسـة/الجـم/بنـزرت} {Gabes/ Tunis/ Sfax/ Touzer/ Sousse/ Al-jam/ Bizerte}.

Les segments conceptuels se divisent en deux types à savoir, illocutoires et référentiels.

• Les segments conceptuels dits « illocutoires » correspondent aux actes de langage illocutoires lorsque ceux-ci sont explicitement prononcés par le locuteur. Comme exemple d'actes illocutoires, nous pouvons citer les refus, les demandes, les promesses, les excuses... Le segment « مرحبا » « salut » est le segment conceptuel Début-Dialogue. Ces segments illocutoires ont la particularité de ne pas dépendre de l'application. De tels segments conceptuels sont portables d'une application à une autre. L'énoncé (13) représente un segment conceptuel de salutation.

$$\left\{ \begin{matrix} مرحبا \\ (Salut) \end{matrix} \middle| Salutation \right\} \qquad (13)$$

• Les segments conceptuels référentiels se sont des segments qui faisant référence aux informations en relation avec le domaine de l'application. Donc, cela veut dire que contrairement aux segments conceptuels illocutoires, ce type de segments n'est pas portable. Dans notre application ce sont les segments exprimant les notions de villes de départ et de destination, de date, d'horaire… Ces informations permettent de représenter le sens d'un énoncé. L'énoncé (14) représente un segment conceptuel de destination.

$$\left\{ \begin{array}{l} \text{إلى تونس} \\ (vers\ Tunis) \end{array} \middle| Destination \right\} \qquad (14)$$

Dans ce qui suit, nous présentons sous forme de tableau les différents sous types de segments conceptuels que nous relevés dans l'ensemble de notre corpus d'étude.

| Segments illocutoires | |
|---|---|
| Nom du segment | Effectif |
| Demande tarif | 12 |
| Demande horaire | 18 |
| Demande heure de départ | 93 |
| Demande heure d'arrivée | 67 |
| Demande horaire de voyage | 19 |
| Demande de réservation | 43 |
| Demande de type de train | 35 |
| Demande de trajet de train | 63 |
| Demande de durée de voyage | 38 |
| Ouverture de dialogue | 47 |
| Fermeture de dialogue | 59 |
| Réponse | 34 |

| Total | 528 |
|---|---|
| **Segments référentiels** | |
| **Nom du segment** | **Effectif** |
| Billet | 37 |
| Nombre de billet | 28 |
| Type de billet | 34 |
| Catégorie de voyageur | 42 |
| Nombre de voyageur | 12 |
| Départ | 47 |
| Arrivée | 53 |
| Station d'escale | 24 |
| Rang train | 18 |
| Classe de train | 21 |
| Type de train | 26 |
| Heure | 18 |
| Heure de Départ | 29 |
| Heure d'arrivée | 39 |
| Jour | 26 |
| Jour de Départ | 14 |
| Jour d'arrivée | 18 |
| Date | 20 |
| Minute | 14 |
| Minute de départ | 17 |

| Minute d'arrivée | 26 |
|---|---|
| **Total** | 577 |

**Tableau 12: Distribution des segments conceptuels illocutoires et des segments conceptuels référentiels**

La principale observation que l'on peut faire en analysant la distribution des deux types de segments conceptuels figurant dans le tableau que le nombre de segment illocutoire et le nombre de segment référentiels sont presque égaux.

# 6. Conclusion

Dans ce chapitre, nous avons cherché à obtenir une représentation abstraite des phénomènes de disfluences dans notre corpus d'étude. Ainsi, nous avons pu dégager un ensemble de caractéristiques des phénomènes de disfluences, que ce soit en terme de taille, de positionnement ou de caractéristique sémantique. Nous avons également montré la diversité des patrons ainsi que leur effectif. Enfin, nous avons exposé les différents segments conceptuels.

Dans le chapitre suivant, nous présentons les étapes de notre méthode de traitement des disfluences proposée et la conception UML de cette méthode à travers deux diagrammes à savoir, le diagramme de séquences et le diagramme de classes.

# Méthode proposée pour le traitement des disfluences

# 1. Introduction

Dans le présent chapitre, nous proposons une méthode pour le traitement des disfluences dans le cadre de la compréhension automatique de l'arabe parlé. Cette méthode consiste en quatre principales étapes à savoir, l'étape de traitement des disfluences simples, l'étape de segmentation conceptuelle, l'étape de délimitation des segments disfluents et l'étape de traitement des disfluences complexes. Après la présentation de la méthode proposée de traitement des disfluences, nous présentons la conception UML du futur système. Pour cela, nous proposons deux diagrammes à savoir, le diagramme de classes et le diagramme de séquences.

# 2. Principe et choix de l'approche

Nous proposons de traiter les disfluences au niveau de la *compréhension de la parole,* vu que nous ne disposons pas d'un logiciel « *open source* » pour la reconnaissance vocale arabe. Ainsi, la méthode proposée est basée sur l'approche à base de patrons et combine la technique de la reconnaissance de patrons à une segmentation conceptuelle des énoncés arabes [Bahou et *al.,* 2010c]. Notre choix de la technique de patron est justifié par deux raisons :

- Portabilité de cette technique à d'autres types de dialogue,
- Les autres travaux qui ont utilisé cette technique ont réalisé de bons résultats.

L'originalité de cette méthode réside dans l'utilisation des segments conceptuels et de la technique de reconnaissance de patrons pour le traitement des disfluences. Généralement, les travaux qui se basent sur une analyse partielle des énoncés utilisent les chunks (purement syntaxiques) qui ont prouvé leur performance dans le traitement de l'écrit. Cependant, pour le traitement de l'oral et pour un domaine limité, comme le notre, nous jugeons que l'utilisation de segments conceptuels (purement sémantiques) est plus intéressante que l'utilisation des chunks et peut donner de bons résultats. Par ailleurs, nous sommes convaincus que la segmentation conceptuelle peut aussi jouer un rôle important dans la résolution des disfluences imbriquées et même des disfluences distantes [Bahou et *al.,* 2010c].

## 3. Etapes de la méthode proposée

La méthode proposée consiste en quatre principales étapes à savoir, l'étape
de traitement des disfluences simples, l'étape de la segmentation conceptuelle
en se basant sur la base des segments conceptuels, l'étape de délimitation des
segments disfluents en se basant sur des règles de délimitation et l'étape de
traitement des disfluences complexes en se basant sur les patrons. L'entrée
est un énoncé étiqueté sémantiquement, dont chaque étiquette représente la
classe à un mot de l'énoncé. Pour les mots hors-vocabulaire, ils ont
l'étiquette HV (Hors-Vocabulaire) [Bahou et *al.*, 2010c]. Il est utile de
signaler que l'étiquetage sémantique se fait d'une manière automatique grâce
au système d'analyse sémantique réalisé au sein de notre laboratoire
MIRACL.

Afin de bien expliquer les étapes de notre méthode proposée, nous suggérons de
prendre à titre d'exemple l'énoncé étiqueté sémantiquement (1).

$$\langle Mot\_Ref\_Prix, ثمن \rangle \langle Mot\_Ref\_Prix, ثمن \rangle \langle Demande, أراد \rangle \qquad (1)$$

$$\langle Marq\_Station\_Départ, من \rangle \langle Type\_Billet, ذهاب \rangle \langle Marq\_Billet, تذكرة \rangle$$

$$\langle Hésitation, أم \rangle \langle Marq\_Rectification, عفو \rangle \langle Station, صفاقس \rangle$$

$$\langle MarqStation \; déprt \;, من \rangle \langle TypeBillet \;, إياب - ذهاب \rangle \langle Marq\_Billet, تذكرة \rangle$$

$$\langle Station, تونس \rangle \langle Marq\_Station\_Arrivée, إلى \rangle \langle Station, صفاقس \rangle$$

$$\langle Marq\_Minute, دقيقة \rangle \langle Nombre, 33 \rangle \langle Nombre, 11 \rangle \langle Marq\_Heure, ساعة - على \rangle$$

L'énoncé (1) contient plusieurs disfluences comme la répétition simple ou complexe,
l'hésitation et l'autocorrection.

La figure 11 illustre les étapes de la méthode de traitement de disfluences proposée.

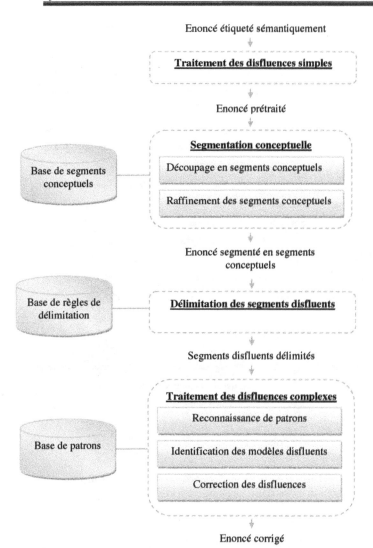

**Figure 11 : Étapes de la méthode proposée pour le traitement des disfluences arabes [Bahou el al, 2010c]**

## 3.1. Etape de traitement des disfluences simples

La première étape consiste à détecter puis à corriger les phénomènes de disfluences simples. Par disfluences simples, nous entendons les phénomènes qui sont très fréquents dans les énoncés oraux arabes et leur détection nécessite un simple traitement basé sur la détection de l'occurrence elle-même. Les phénomènes de disfluences que nous avons classés parmi les disfluences simples sont les suivants : les hésitations, les répétitions simples (la succession d'un mot une ou plusieurs fois) et les amorces (les amorces complétées : l'amorce est complétée immédiatement sans reprise d'autre éléments). Nous considérons donc que seule l'identification de leurs occurrences est nécessaire et suffisante pour leur traitement automatique.

- **Traitement des répétitions simples**

Ce traitement consiste à éliminer la répétition des mots et ce par la suppression d'une ou de plusieurs occurrences du mot qui se répète. Prenons à titre d'exemple l'énoncé (1), le mot « ثمن » « prix », qui a comme étiquette sémantique « Mot-Ref-Prix », se répète deux fois.

Le traitement de l'énoncé (1), après la détection de l'occurrence répétée, consiste à supprimer le premier mot qui a comme étiquette sémantique «Mot-Ref-Prix». L'énoncé (1) devient après traitement comme suit (2) :

(2) اد ,$\langle Demande,$)(ثمن ,$Mot\_Ref\_Prix$)(تذكرة ,$Marq\_Billet$)(ذهاب ,$Type\_Billet$)

(من ,$Marq\_station\_départ$) (صفاقس ,$Station$) (عفو ,$Marqrectification$)

(أم ,$Hésitation$)(تذكرة ,$Marq\_Billet$)(ذهاب – إيّاب ,$Type\_Billet$)

(من ,$Marq\_Station\_Départ$) (صفاقس ,$Station$)

(إلى ,$Marq\_Station\_Arrivée$)(تونس ,$Station$)(على – ساعة ,$Marq\_Heure$)

(دقيقة ,$Marq\_Minute$)($Nombre, 33$)($Nombre, 11$)

- **Traitement des hésitations**

Ce traitement consiste à éliminer les hésitations qui se trouvent dans l'énoncé. L'occurrence d'hésitation est reconnue à partir de son étiquette « Hésitation ». Prenons à titre d'exemple l'énoncé (2) qui contient une

hésitation. Le traitement cet énoncé consiste à supprimer l'occurrence de mot
qui a comme étiquette sémantique «Hésitation». L'énoncé (2) devient après
traitement comme suit :

⟨Type_Billet, ذهاب⟩⟨Marq_Billet, تذكرة⟩⟨Mot_Ref_Prix, ثمن⟩⟨Demande, أراد⟩

⟨Marq_Rectification, عفو⟩ ⟨Station, صفاقس⟩ ⟨Marq_Station_Départ, من⟩

⟨Marq_Station_Départ, من⟩⟨Type_Billet, ذهاب – إيّاب⟩⟨Marq_Billet, تذكرة⟩

⟨Station, تونس⟩⟨Marq_Station_Arrivée, إلى⟩⟨Station, صفاقس⟩

⟨Marq_Minute, دقيقة⟩⟨Nombre, 33⟩ ⟨Nombre, 11⟩⟨Marq_Heure, ساعة – على⟩

- **Traitement des amorces**

Ce traitement consiste à détecter et à corriger les amorces complétées.
L'occurrence d'amorce est reconnue à partir de son étiquette
« Hors_Vocabulaire ». Une fois l'occurrence est détectée, nous devons
vérifier si un mot de l'énoncé représente le mot complet. Nous prenons à titre
d'exemple l'énoncé (4) qui contient une amorce complétée.

ماهو وقت (خر) خروج القطار                     (4)

Quelle est l'horaire de (dép) départ du train.

Le traitement de l'énoncé (4) consiste à détecter l'occurrence d'amorce puis
le mot qui représente le mot complet. Dans notre cas, le mot « خر » « dép »
représente l'amorce et le mot « خروج » « départ » représente le mot complet.
Il s'agit de supprimer l'amorce est de garder le mot complet. L'énoncé (4)
après son traitement devient comme suit :

ماهو وقت خروج القطار                     (5)

Quelle est l'horaire de départ du train.

Le résultat de cette étape est un énoncé nettoyé des répétitions simples, des
hésitations et des amorces.

## 3.2. Etape de segmentation conceptuelle

La deuxième étape de notre méthode est la segmentation conceptuelle. En fait, cette étape consiste à découper un énoncé arabe oral en segments conceptuels. Rappelons à cet égard, qu'un segment conceptuel est une séquence de classes de mots exprimant une même unité de sens [Bousquet, 2002].

Cette segmentation se réfère aux étiquettes sémantiques de chaque mot de l'énoncé. À titre d'exemple, le mot « ثمـن » « prix » a comme étiquette sémantique « Mot-Ref-Prix ». Aussi, cette étape est basée sur les marqueurs linguistiques et sur des segments conceptuels déjà collectés à partir du corpus d'étude.

Nous expliquons le déroulement de la segmentation conceptuelle sur l'exemple de l'énoncé (3). Ainsi, la segmentation nécessite un repérage des marqueurs linguistiques existant dans cet énoncé. Ces marqueurs sont dégagés à travers les étiquettes sémantiques commençant par « Marq » et qui sont différents du marquer de rectification. Dans l'énoncé (3) il y a cinq marqueurs linguistiques à savoir, Marq-Billet, Marq-Station-Départ, Marq-Station-Arrivée et Marq- Heure et Marq-Minute.

Les marqueurs peuvent être des pré-marqueur, post-marqueur ou pré-post-marqueur à la fois. Par pré-marqueur, nous entendons que l'information qui nous intéresse se trouve juste après ce marqueur. Pour le post-marqueur, l'information qui nous intéresse se trouve avant lui et pré-post-marqueur nous entendons que les informations qui nous intéressent se trouvent avant et après ce marqueur. Selon le type de marqueur, les frontières de chaque segment conceptuel de l'énoncé seront délimitées. L'énoncé (6) représente le résultat du découpage en segments conceptuels de l'énoncé (3).

$$\left\{ \begin{array}{c} \text{تذكرة ذهاب} \\ (billet\ aller\ simple) \end{array} \middle| Type\_Billet \right\} \left\{ \begin{array}{c} \text{أراد ثمن} \\ (vouloir\ prix) \end{array} \middle| Demande\_Prix \right\} \quad (6)$$

$$\left\{ \begin{matrix} \text{عفو} \\ (pardon) \end{matrix} \right\} \left| Rectification \right\} \left\{ \begin{matrix} \text{من صفاقس} \\ (de\,Sfax) \end{matrix} \right| Départ \right\}$$

$$\left\{ \begin{matrix} \text{تذكرة ذهاب – إياب} \\ (billet\ aller-retour) \end{matrix} \right| Type\_Billet \right\}$$

$$\left\{ \begin{matrix} \text{إلى تونس} \\ (vers\,Tunis) \end{matrix} \right| Destination \right\} \left\{ \begin{matrix} \text{من صفاقس} \\ (de\,Sfax) \end{matrix} \right| Départ \right\}$$

$$\left\{ \begin{matrix} 33\ \text{دقيقة} \\ (33\ minutes) \end{matrix} \right| Minute\_Départ \right\} \left\{ \begin{matrix} \text{على – ساعة} \ 11 \\ (à-heure\ 11) \end{matrix} \right| Heure\_Départ \right\}$$

La deuxième phase dans cette étape consiste à raffiner les segments conceptuels. Ce raffinement est basé essentiellement sur l'étiquette sémantique non raffinée du mot ainsi que sur le segment conceptuel où se trouve ce mot. En effet, la méthode proposée prend en considération le contexte du mot au sein du segment conceptuel. Ainsi, l'étiquette sémantique non raffinée « Station » peut avoir plusieurs raffinements possibles selon le segment conceptuel où se trouve le mot qui a cette étiquette (*i.e.*, Station_Départ, Station_Arrivée ou Station_Escale). Par exemple, le mot « صفاقس » « Sfax » du segment conceptuel « Départ » de l'énoncé (6) aura comme étiquette sémantique raffinée « Station_Départ » au lieu de « Station », ce qui précise exactement le rôle sémantique joué par ce mot (dans ce cas, la station de départ).

Cet étape génère comme résultat un énoncé qui est soit complètement segmenté soit partiellement segmenté (*i.e.*, il contient des mots isolés n'appartenant à aucun segment conceptuel comme le cas du mot « عفو » « pardon »). Dans le cas d'une segmentation complète, l'énoncé peut être soit correct (*i.e.*, ne contient pas de disfluences) soit il contient des disfluences. Ces disfluences ne peuvent être que des autocorrections ou des répétitions.

## 3.3. Etape de délimitation des segments disfluents

Cette étape intermédiaire entre le découpage en segments conceptuels et le
traitement des disfluences complexes, est destinée à signaler les zones
potentiellement disfluentes (où se localise les répétitions et les
autocorrections) à partir du résultat de la segmentation conceptuelle. Comme
la segmentation conceptuelle permet de dégager les segments conceptuels,
cette étape permet de dégager les zones de doute au sein d'un énoncé et de
délimiter les frontières des segments disfluents.

En revanche, les répétitions et les autocorrections présentent une complexité
qui nécessite un traitement plus particulier. Ainsi, il ne s'agit pas seulement
d'identifier la disfluence elle-même, mais également la zone dans laquelle
celle-ci se produit, et les éléments concernés dans l'énoncé. Plus précisément,
il s'agit d'identifier :

- **La borne ouvrante de la disfluence** : L'élément lexical qui marque le début de la
  zone disfluente.

- **La borne fermante de la disfluence** : Quel est l'élément lexical ou pas qui
  marque la fin de la zone disfluente, à partir de laquelle le reste de l'énoncé est
  produit normalement.

- **La zone d'édition** : contient les marques d'autocorrections ou de répétitions à
  savoir, les marqueurs de rectification.

Pour expliquer le premier cas, nous prenons à titre d'exemple l'énoncé (7) qui est
totalement segmenté et qui contient des disfluences car il existe deux segments
conceptuels qui ont le même type à savoir "Destination".

$$\left\{ \begin{matrix} \text{قطار سريع} \\ (train\ rapide) \end{matrix} \middle| Type\_Train \right\} \left\{ \begin{matrix} \text{أراد وقت} \\ (vouloir\ horaire\ ) \end{matrix} \middle| Demande\_Horaire \right\} \quad (7)$$

$$\left\{ \begin{matrix} \text{إلى تونس} \\ (vers\ Tunis) \end{matrix} \middle| Destination \right\} \left\{ \begin{matrix} \text{إلى تونس} \\ (vers\ Tunis) \end{matrix} \middle| Destination \right\} \left\{ \begin{matrix} \text{من صفاقس} \\ (de\ Sfax) \end{matrix} \middle| Départ \right\}$$

En effet, la délimitation de la disfluence sera le regroupement des deux segments qui
ont le même type dans un seul segment *disfluent*. Le segment (8) représente le
segment disfluent de l'énoncé (4).

$$\left\{ \begin{array}{c} \text{إلى تونس إلى تونس} \\ (vers\ Tunis\ vers\ Tunis) \end{array} \middle| Disfluent \right\} \quad (8)$$

Pour expliquer le deuxième cas, nous prenons l'énoncé (9) qui représente l'autocorrection du segment « أراد ثمن » « vouloir prix » par le segment « أراد وقت قطار » « vouloir horaire train ». Cette autocorrection est faite sans la présence d'un marqueur de rectification mais en présence de deux segments conceptuels qui ont le même rôle « Demande ».

$$\left\{ \begin{array}{c} \text{أراد ثمن} \\ (vouloir\ prix) \end{array} \middle| Demande\_Prix \right\} \quad (9)$$

$$\left\{ \begin{array}{c} \text{أراد وقت قطار} \\ (vouloir\ horaire\ train\ ) \end{array} \middle| Demande_{Horarire} \right\}$$

Le segment (10) est le segment disfluent de l'énoncé (9) après l'utilisation des règles de délimitation.

$$\left\{ \begin{array}{c} \text{أراد ثمن أراد وقت قطار} \\ (vouloir\ prix\ vouloir\ horaire\ train) \end{array} \middle| Disfluent \right\} \quad (10)$$

Dans le cas d'une segmentation partielle, la présence des mots isolés est due à la présence d'une ou de plusieurs disfluences. En effet, ces mots ne peuvent être que des mots corrigeant un segment. Pour expliquer ce dernier cas, nous prenons à titre d'exemple le segment « من صفاقس » « de Sfax » corrigé par le mot « تونس » « Tunis » dans l'énoncé (11).

$$\left\{ \begin{array}{c} \text{تونس} \\ (Tunis) \end{array} \middle| Station \right\} \left\{ \begin{array}{c} \text{عفو} \\ (pardon) \end{array} \middle| Rectification \right\} \left\{ \begin{array}{c} \text{من صفاقس} \\ (de\ Sfax) \end{array} \middle| Départ \right\} \quad (11)$$

Ainsi, l'objectif de cette étape est de délimiter les disfluences et de les regrouper dans un segment disfluent. Cette délimitation facilite par la suite le repérage et la correction des disfluences dans l'étape en aval. Le segment (12) représente le segment disfluent de l'énoncé (11).

$$\left\{ \begin{matrix} \text{من صفاقس عفو تونس} \\ (de\ Sfax\ pardon\ Tunis) \end{matrix} \middle| Disfluent \right\} \qquad (12)$$

Rappelons que pour délimiter le segment disfluent, notre méthode se base sur des règles de délimitation ainsi que sur la présence ou non de mots isolés. Les règles de délimitation prennent en considération les mots au sein des segments, les étiquettes sémantiques des mots, ainsi que les types des segments conceptuels. Dans le cas de présence des mots isolés, les frontières du segment disfluent sont faciles à repérer. En effet, le segment disfluent est composé du mot isolé et des segments qui l'entourent. Le segment (13) représente le segment disfluent dans l'énoncé (6). Ce segment est composé d'une répétition du mot « تـذكرة » « billet » et du segment « مـن صـفاقس » « de Sfax », et d'une autocorrection du type de billet « ذهـاب » « aller simple » par « ذهاب-إياب » « aller-retour ».

$$\left\{ \begin{matrix} \text{تذكرة ذهاب من صفاقس عفوتذكرة ذهاب — إياب من صفاقس} \\ (billet\ aller\ simple\ de\ Sfax\ pardon\ billet\ aller - retour\ de\ Sfax) \end{matrix} \middle| Disfluent \right\}$$
(13)

Le résultat de cette étape est un énoncé découpé à la fois en segments conceptuels et en segments disfluents (si ces derniers existent). Les segments disfluents seront traités au niveau de l'étape suivante.

## 3.4. Etape de traitement des disfluences complexes

L'objectif de cette étape est de détecter les types de disfluences (autocorrection ou répétition) existantes dans les segments disfluents déjà repérés dans l'étape précédente, ensuite, de les corriger. Pour se faire, la reconnaissance de patrons est appliquée. Cette technique consiste à parcourir l'ensemble des patrons afin de déterminer, pour chaque segment disfluent, le patron qui lui correspond.

À ce stade d'analyse, nous tenons à signaler que la reconnaissance de patrons se fait d'une manière robuste. En effet, lors de la reconnaissance, un patron peut être retenu même si le segment disfluent comporte un ou plusieurs mots considérés inutiles et qui n'ont pas de correspondants dans le patron. Cette robustesse permet de réduire le nombre de patrons utilisés et de surmonter un problème spécifique à la langue arabe à savoir, la grande taille des énoncés.

Ainsi, le patron correspondant au segment disfluent (13) est le suivant :

تذكرة ذهاب من صفاقس    عفو    تذكرة ذهاب – إياب من صفاقس

M3 M2 R1 M1 MR | M3 M2 R1 M1      (14)

Après la phase de reconnaissance de patron, chaque segment disfluent est alors décrit comme la succession d'un *Reparandum* (il s'agit de la zone de l'énoncé dont le contenu va être corrigé ou reformulé), d'un *Interregnum* optionnel (celle-ci correspond à l'intervalle situé entre le *Reparandum* et la suite de l'énoncé qui constituera en la correction ou la reformulation. C'est dans l'*Interregnum* que peut apparaître la disfluence) et d'un *Repair* (elle comporte la correction ou reformulation de la partie de l'énoncé située dans le *Reparandum*) comme illustré par l'exemple (15).

$$\begin{bmatrix} \text{عفو} \\ (pardon) \end{bmatrix}_{Interregnum} \begin{bmatrix} \text{تذكرة ذهاب من صفاقس} \\ (billet\ aller\ simple\ de\ Sfax) \end{bmatrix}_{Reparandum} \qquad (15)$$

$$\begin{bmatrix} \text{تذكرة ذهاب – إياب من صفاقس} \\ (billet\ aller - retour\ de\ Sfax) \end{bmatrix}_{Repair}$$

Pour la correction proprement dite, le *Repair* est gardé ; cependant l'*Interregnum* ainsi que le *Reparandum* sont supprimés.

Le segment résultat subit une analyse similaire à celle de l'étape de segmentation conceptuelle afin de le segmenter en segments conceptuels et puis le raffiner. En effet, le modèle disfluent de l'énoncé (15) sera après sa correction comme suit :

$$\left\{ \begin{array}{c} \text{من صفاقس} \\ (de\ Sfax) \end{array} \middle| D\acute{e}part \right\} \left\{ \begin{array}{c} \text{تذكرة ذهاب – إيّاب} \\ (billet\ aller - retour) \end{array} \middle| Type\_Billet \right\} \qquad (16)$$

L'énoncé initial sera comme montre l'exemple (17) :

$$\left\{ \begin{array}{c} \text{تذكرة ذهاب – إيّاب} \\ (billet\ aller - retour) \end{array} \middle| Type\_Billet \right\} \left\{ \begin{array}{c} \text{أراد ثمن} \\ (vouloir\ prix) \end{array} \middle| Demande\_Prix \right\} \qquad (17)$$

$$\left\{ \begin{array}{c} \text{إلى تونس} \\ (vers\ Tunis) \end{array} \middle| Destination \right\} \left\{ \begin{array}{c} \text{من صفاقس} \\ (de\ Sfax) \end{array} \middle| D\acute{e}part \right\}$$

$$\left\{ \begin{array}{c} 33\ \text{دقيقة} \\ (33\ minutes) \end{array} \middle| Minute\_D\acute{e}part \right\} \left\{ \begin{array}{c} \text{على – ساعة 11} \\ (\grave{a} - heure\ 11) \end{array} \middle| Heure\_D\acute{e}part \right\}$$

## 4. Conception UML du futur système

UML (Unified Modeling Language) est un langage standard conçu pour
l'écriture des plans d'élaboration de logiciels. Il peut être utilisé pour
visualiser, spécifier, construire et documenter les artefacts d'un système à
forte composante logicielle. UML comprend neuf diagrammes : le
diagramme de classes, le diagramme d'objets, le diagramme de cas
d'utilisation, le diagramme de séquence, le diagramme de collaboration, le
diagramme d'états transitions, le diagramme d'activités, le diagramme de
composants et le diagramme de déploiement [Booch et al, 2000].

UML est le standard pour l'analyse et la conception orienté objet des
systèmes d'informations. En plus, UML est un langage formel (notion de
méta _modèle). En outre, il couvre le cycle de développement des logiciels
de la spécification des besoins à l'implantation. Aussi, il est un support de
communication ça implique la possibilité de faire travailler différents groupes
sur des parties d'une application et le résultat final sera obtenu par intégration
des différentes représentations intermédiaires.

Dans ce qui suit nous présentons la conception UML de notre système. Cette conception est limitée aux diagrammes de classes et de séquences.

## 4.1. Diagramme de classes

Le diagramme de classes est un diagramme qui montre une collection d'éléments de modèle déclaratifs (statiques), tels que les classes, leurs types, leurs contenus et leurs relations. On utilise les diagrammes de classes pour modéliser la vue de conception statique d'un système [Booch et *al.*, 2000].

- Action : Spécification d'une instruction exécutable qui forme une abstraction d'une procédure de calcul. Une action résulte en un changement dans l'état de modèle et est réalisée par l'envoi d'un message à un objet ou en modifiant une valeur d'un attribut.

- Opération : Service qui peut être à un objet pour qu'il effectue une action précise. Une opération possède une signature qui peut restreindre les paramètres actuels possibles.

- Objet : Entité ayant une frontière et une identité bien définies qui capsule un état et un comportement, un objet et une instance d'une classe.

- Attribut : Propriété nommé d'une classe décrivant une valeur de donnée prise par chaque objet de la classe.

- Classe : Description d'un ensemble d'objets qui partagent les mêmes attributs, opérations, méthodes, relations et sémantiques.

La figure suivante illustre le diagramme de classes correspondant à l'ensemble des données de notre méthode.

**Figure 12 : Diagramme de classe correspondant à l'ensemble des données de la méthode proposée**

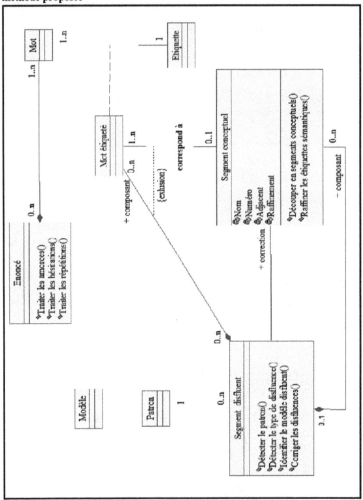

## 4.2.Diagramme de séquences

Le diagramme de séquences est un diagramme qui montre les interactions arrangées dans une séquence de temps. Il montre les objets qui participent à l'interaction et les séquences de messages échangées.

La figure 13 présente le diagramme de séquences de notre méthode. Cette figure illustre les objets participants à l'interaction et les messages échangés entre eux.

Les séquences réalisées sont :

• L'utilisateur choisit un énoncé étiqueté sémantiquement.

• L'objet « traitement des disfluences simples » traite les disfluences simples à savoir, les répétitions simples, les autocorrections et les amorces. Tout d'abord, détecte les occurrences de ces disfluences et puis les corrige.

• L'objet « segmentation conceptuelle » découpe l'énoncé en segments conceptuels. Puis, il raffine les étiquettes sémantiques de ces segments conceptuels dégagés.

• L'objet « traitement des disfluences complexes » définir les frontières des segments disfluents, cherche à chaque segment disfluent détecté le patron convenable, identifie le modèle disfluent de ce segment disfluent et enfin corrige les disfluences.

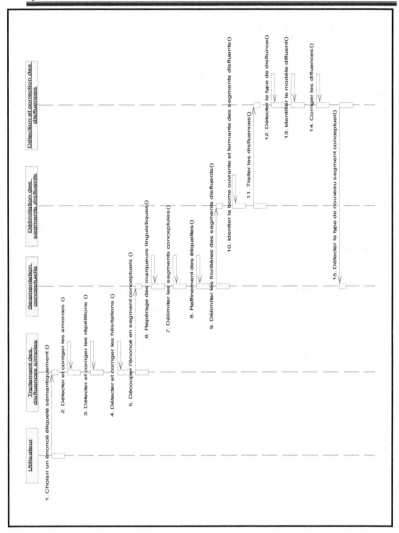

**Figure 13 : diagramme de séquences de la méthode proposée**

## 5. Conclusion

Dans ce chapitre, nous avons proposé une méthode pour le traitement des disfluences dans le cadre de la compréhension de l'arabe parlé, dans un contexte de dialogue oral Homme-machine.

Cette méthode consiste en quatre étapes à savoir, *i)* l'étape de traitement des disfluences simples *ii)* l'étape de segmentation conceptuelle, en se basant sur la base des segments conceptuels *iii)* l'étape de délimitation des segments disfluents en se basant sur la base de règles et *iiii)* l'étape de traitement des disfluences complexes basée sur des patrons.

Nous avons aussi présenté la conception UML de notre système. Pour cela, nous avons présenté deux diagrammes à savoir, le diagramme de classes et le diagramme de séquences.

Dans le chapitre suivant, nous présentons la réalisation et l'évaluation de notre système ainsi qu'une discussion des résultats obtenus.

# Mise en œuvre et évaluation

# 1. Introduction

Après avoir présenté notre méthode de traitement de disfluences, basée à la fois sur la segmentation conceptuelle et la technique de la reconnaissance de patrons, nous allons consacrer ce chapitre pour sa mise en œuvre et son évaluation. Nous cherchons, à travers un prototype que nous avons réalisé, de prouver la faisabilité ainsi que la validité da la méthode de traitement de disfluences proposée.

Ce chapitre comporte deux parties. Dans la première partie, nous présentons l'implémentation et la mise en œuvre de notre système. Nous donnons une description de l'architecture du système et les outils de développement. La deuxième partie est consacrée aux résultats obtenus lors de l'évaluation du système et la discussion des cas d'échec du traitement.

# 2. Implémentation du système

La présente section est consacrée à la description et la présentation détaillées de notre système qui permet de détecter et de corriger les disfluences dans un énoncé oral arabe.

## 2.1. Présentation générale

Nous avons programmé notre système avec le langage JAVA. Les connaissances nécessaires au traitement (les segments conceptuels, les règles et les patrons) sont stockées sous forme de structures XML (*eXtensible Markup Language*). Il est utile de rappeler que notre système effectue les traitements suivant à savoir, la détection et la correction les disfluences (en particulier, les autocorrections, les répétitions, les amorces et les hésitations) dans un énoncé oral :

- La détection et la correction des disfluences simples à savoir, les répétitions simples, les hésitations et les amorces correctives.

- Le découpage de l'énoncé en segments conceptuels.

- La délimitation des segments disfluents.

- La reconnaissance de patrons du segment disfluent.

- L'identification du modèle disfluent de chaque segment disfluent détecté.

- La correction des segments disfluents.

Aussi, le système dispose des connaissances suivantes :

• Une base de segments conceptuels. La figure 14 montre un extrait de la base de segments conceptuels stocké sous forme de fichier XML.

```xml
<Segment Classe="Illocutoires" Num="1" Nom="SC_Demande_Tarif">
  <Composant1 Raffinement="Outils_Interrogation">Outils_Interrogation</Composant1>
  <Composant2 Raffinement="Tarif">Tarif</Composant2>
  <Composant3 Adjacent="0" Raffinement="Mot_Reference_TarifVoyage">Mot_Reference_Tarif</Composant3>
  <Composant4 Adjacent="0" Raffinement="Marq_Train">Marq_Train</Composant4>
</Segment>

<Segment Classe="Illocutoires" Num="1" Nom="SC_Demande_Tarif">
  <Composant1 Raffinement="Outils_Interrogation">Outils_Interrogation</Composant1>
  <Composant2 Adjacent="0" Raffinement="Mot_Reference_TarifVoyage">Mot_Reference_Tarif</Composant2>
</Segment>

<Segment Classe="Illocutoires" Num="1" Nom="SC_Demande_Tarif">
  <Composant1 Raffinement="Demande">Demande</Composant1>
  <Composant2 Adjacent="0" Raffinement="Mot_Reference_TarifVoyage">Mot_Reference_Tarif</Composant2>
</Segment>

<Segment Classe="Illocutoires" Num="2" Nom="SC_Demande_Horaire">
  <Composant1 Raffinement="Outils_Interrogation">Outils_Interrogation</Composant1>
  <Composant2 Adjacent="0" Raffinement="Mot_Reference_HoraireVoyage">Marq_Train</Composant2>
</Segment>

<Segment Classe="Illocutoires" Num="3" Nom="SC_Demande_Horaire">
  <Composant1 Raffinement="Demande">Demande</Composant1>
  <Composant2 Adjacent="0" Raffinement="Mot_Reference_HoraireVoyage">Marq_Train</Composant2>
</Segment>
```

**Figure 14: Extrait de la base de segments conceptuels stocké sous forme de fichier XML**

- Une base de règles pour la délimitation des segments disfluents.

• Une base de patrons. La figure 15 illustre un extrait de la base de patrons sous forme de fichier XML.

```
<disfluence num ="1"   nom="R1  |  MR R1"
<disfluence num ="2"   nom="M1  |  MR M1"
<disfluence num ="3"   nom="R1 M1  |  MR R1 M1"
<disfluence num ="4"   nom="M2 M1  |  MR M2 M1"
<disfluence num ="5"   nom="M2 R1  |  MR M1 R1"
<disfluence num ="6"   nom="R2 R1  |  MR R2 R1"
<disfluence num ="7"   nom="M2 M1 R1  |  MR M2 M1 R1"
<disfluence num ="8"   nom="M1 R2 R1  |  MR M1 R2 R1"
<disfluence num ="9"   nom="R3 R2 R1  |MR R3 R2 R1"
<disfluence num ="10"  nom="M3 M2 M1  |  MR M3 M2 M1"
<disfluence num ="11"  nom="M2 R1 M1  |  MR  M2 R1 M1"
<disfluence num ="12"  nom="R1 M2 M1  |  MR R1 M2 M1"
 <disfluence num ="13" nom="M3 M2 R1 M1|  MR M3 M2 R1 M1"
<disfluence num ="14"  nom="M3 R1 M2 M1|  MR M3 R1 M2 M1"
<disfluence num ="15"  nom="R1 M3 M2 M1  |  MR R1 M3 M2 M1"
<disfluence num ="16"  nom="M4 M3 M2 M1  |  MR M4 M3 M2 M1"
<disfluence num ="17"  nom="R3 R2 R1 M1  |  MR R3 R2 R1 M1"
<disfluence num ="18"  nom="R4 R3 R2 R1  |  MR R4 R3 R2 R1"
<disfluence num ="19"  nom="M2 R2 R1 M1  |  MR M2 R2 R1 M1"
<disfluence num ="20"  nom="M3 M2 M1 R1  |  MR M3 M2 M1 R1"
<disfluence num ="21"  nom="M2 R2 M1 R1  |  MR M2 R2 M1 R1"
<disfluence num ="22"  nom="M2 M1 R2 R1  |  MR M2 M1 R2 R1"
<disfluence num ="23"  nom="M2 R2 M1 R1  |  MR M2 R2 M1 R1"
```

**Figure 15 : Extrait de la base de patrons**

## 2.2. Architecture générale du système

Notre système de traitement de disfluences est conçu suivant une architecture modulaire. Il se compose de trois modules à savoir, *i)* le module de traitement des disfluences simples qui détecte et corrige les répétitions successives, les hésitations et les amorces correctives, *ii)* le module de segmentation conceptuelle qui permet de découper un énoncé en segments conceptuels et puis raffiner les étiquettes de chaque mot contenu dans ces segments dégagés tout en se basant sur la base des segments conceptuels stocké sous forme de fichier XML. *iii)* le module de traitement des disfluences complexes (les répétitions et les autocorrections) qui délimite les segments disfluents en utilisant les règles de délimitation. Puis, ce module détecte le patron convenable à chaque segment disfluent délimité en se basant sur des patrons stockés sous forme de fichier XML et enfin sa correction. La figure 16 illustre l'architecture générale de notre système du traitement des disfluences arabes.

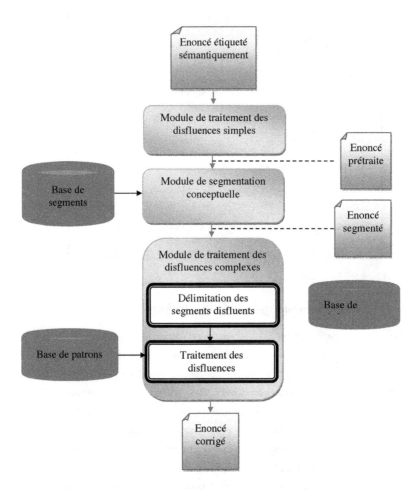

**Figure 16: Architecture générale du système de traitement des disfluences arabes**

- Module de traitement des disfluences simples

Le premier module de notre système c'est le module de traitement des disfluences simples. Il permet de détecter les occurrences des répétitions simples et successives, les hésitations et les amorces correctives. En effet, le système reçoit en entrée un fichier XML. Ce fichier comme le montre la figure 17, est constituée d'un ensemble de mots. À chaque mot de l'énoncé correspond une étiquette sémantique.

```
<Etiquettes>

    <Demande>أر د د</Demande>
    <Mot_Reference_Tarif>من</Mot_Reference_Tarif>
    <Hesitation>أم</Hesitation>
    <Marq_Billet>تذكرة</Marq_Billet>
    <Type_Billet>ذ ها ب</Type_Billet>
    <Hesitation>أم</Hesitation>
    <Marq_Station_Arrivee>إلى</Marq_Station_Arrivee>
    <Marq_Station>ولاية</Marq_Station>
    <Station>تونس</Station>
    <Marq_Rectification>عفو</Marq_Rectification>
    <Marq_Billet>تذكرة</Marq_Billet>
    <Type_Billet>ذ ها ب إيا ب</Type_Billet>
    <Marq_Station_Arrivee>إلى</Marq_Station_Arrivee>
    <Marq_Station>ولاية</Marq_Station>
    <Station>تونس</Station>
    <Hesitation>أم</Hesitation>
    <Marq_Heure>على سا عة</Marq_Heure>
    <Nombre>4</Nombre>
    <Nombre>30</Nombre>
    <Marq_Minute>دقيقة</Marq_Minute>
    <Marq_Rectification>عفو</Marq_Rectification>
    <Marq_Heure>على سا عة</Marq_Heure>
    <Nombre>5</Nombre>
    <Nombre>35</Nombre>
    <Marq_Minute>دقيقة</Marq_Minute>

</Etiquettes>
```

**Figure 17 : Fichier XML d'entrée**

La sortie de ce module est un énoncé prétraité qui ne contient aucune occurrence d'hésitation, de répétition simple et d'amorce complétée. La figure 18 représente un extrait de fichier XML de sortie du module de traitement des disfluences simples.

```
<Etiquettes>

    <Demande>داري</Demande>
    <Mot_Reference_Tarif>ثمن</Mot_Reference_Tarif>
    <Marq_Billet>تذكرة</Marq_Billet>
    <Type_Billet>ذهاب</Type_Billet>
    <Marq_Station_Arrivee>الى</Marq_Station_Arrivee>
    <Marq_Station>ولاية</Marq_Station>
    <Station>تونس</Station>
    <Marq_Rectification>عفو</Marq_Rectification>
    <Marq_Billet>تذكرة</Marq_Billet>
    <Type_Billet>ذهاب إياب</Type_Billet>
    <Marq_Station_Arrivee>الى</Marq_Station_Arrivee>
    <Marq_Station>ولاية</Marq_Station>
    <Station>تونس</Station>
    <Marq_Heure>على ساعة</Marq_Heure>
    <Nombre>4</Nombre>
    <Nombre>30</Nombre>
    <Marq_Minute>دقيقة</Marq_Minute>
    <Marq_Rectification>عفو</Marq_Rectification>
    <Marq_Heure>على ساعة</Marq_Heure>
    <Nombre>5</Nombre>
    <Nombre>35</Nombre>
    <Marq_Minute>دقيقة</Marq_Minute>

</Etiquettes>
```

**Figure 18 : Un extrait de fichier XML de sortie du module de traitement des disfluences simples.**

- Module de la segmentation conceptuelle

Le deuxième module de notre système est le module de segmentation conceptuelle. Ce module a un double objectif :

• Découpage de l'énoncé étiqueté et qui ne contient aucun phénomène de disfluences simples reçu du module précédent en segments conceptuels. La segmentation conceptuelle utilise la base des segments conceptuels. Ces segments sont recensés à partir de notre corpus d'étude et stockés dans un fichier XML. Après la segmentation conceptuelle un raffinement de ses segments est appliqué aux résultats obtenus.

• Raffinement de ces segments conceptuels dégagés. Ce raffinement, comme nous l'avons expliqué dans le chapitre précédent, est basé essentiellement sur les étiquettes sémantiques non raffiné du mot ainsi que le segment conceptuel où se trouve ce mot.

La figure suivante montre un extrait de fichier XML résultat de ce module. Le résultat de ce module est un énoncé segmenté en segments conceptuels.

```
<Segments_Conceptuels>
<Segment nom="SC_Demande_Tarif" num="1" value="أر ادين">
<mot Etiquette="Demande" Position="0"/>
<mot Etiquette="Mot_Reference_Tarif" Position="1"/>
</Segment>
<Segment nom="SC_Type_Billet" num="2" value="تذكرة ذهاب">
<mot Etiquette="Marq_Billet" Position="2"/>
<mot Etiquette="Type_Billet" Position="3"/>
</Segment>
<Segment nom="SC_Arrivee" num="3" value="الى ولاية تونس">
<mot Etiquette="Marq_Station_Arrivee" Position="4"/>
<mot Etiquette="Marq_Station" Position="5"/>
<mot Etiquette="Station" Position="6"/>
</Segment>
<Segment nom="SC_Type_Billet" num="4" value="تذكرة ذهاب إياب">
<mot Etiquette="Marq_Billet" Position="8"/>
<mot Etiquette="Type_Billet" Position="3"/>
</Segment>
<Segment nom="SC_Arrivee" num="5" value="الى ولاية تونس">
<mot Etiquette="Marq_Station_Arrivee" Position="10"/>
<mot Etiquette="Marq_Station" Position="11"/>
<mot Etiquette="Station" Position="12"/>
</Segment>
<Segment nom="SC_Heure" num="6" value="على ساعة 4 30 دقيقة">
<mot Etiquette="Marq_Heure" Position="13"/>
<mot Etiquette="Nombre" Position="14"/>
<mot Etiquette="Nombre" Position="15"/>
<mot Etiquette="Marq_Minute" Position="16"/>
</Segment>
<Segment nom="SC_Heure" num="7" value="على ساعة 5 35 دقيقة">
<mot Etiquette="Marq_Heure" Position="18"/>
<mot Etiquette="Nombre" Position="19"/>
<mot Etiquette="Nombre" Position="20"/>
<mot Etiquette="Marq_Minute" Position="16"/>
</Segment>
```

**Figure 19 : Un extrait de fichier XML de sortie du module de la segmentation conceptuelle**

Ce module interagit avec le troisième module à savoir, le module de traitement des disfluences complexes que nous présentons dans la section suivante.

- Module de traitement des disfluences complexes

Ce module représente le noyau de notre système, puisqu'il permet de définir les zones de doute au sein d'un énoncé (totalement ou partiellement segmenté) et identifier les frontières des segments disfluents. En effet, ce module est consacré à délimiter les disfluences et de les regrouper dans un segment nommé disfluent. Il utilise des règles de délimitation recensées à partir de notre corpus d'étude et regroupées dans un fichier XML. La figure 20 montre un extrait de fichier XML des segments disfluents.

```
<Segments_Disfluents>
<Segment_Disfluent valeur=" تذكرة ذهاب إلى ولاية تونس عفو تذكرة ذهاب_إياب  إلى ولاية تونس">
<Mot Etiquette="Marq_Type_Billet" Position="2">تذكرة</Mot>
<Mot Etiquette="Type_Billet" Position="3">ذهاب</Mot>
<Mot Etiquette="Marq_Station_Arrivee" Position="4">إلى</Mot>
<Mot Etiquette="Marq_Station" Position="5">ولاية</Mot>
<Mot Etiquette="Station_Arrivee" Position="6">تونس</Mot>
<Mot Etiquette="Marq_Rectification" Position="7">عفو</Mot>
<Mot Etiquette="Marq_Type_Billet" Position="8">تذكرة</Mot>
<Mot Etiquette="Type_Billet" Position="9">ذهاب_إياب</Mot>
<Mot Etiquette="Marq_Station_Arrivee" Position="10">إلى</Mot>
<Mot Etiquette="Marq_Station" Position="11">ولاية</Mot>
<Mot Etiquette="Station_Arrivee" Position="12">تونس</Mot>
</Segment_Disfluent>
<Segment_Disfluent valeur=" على ساعة 4 30 دقيقة عفو  على ساعة 5 35 دقيقة ">
<Mot Etiquette="Marq_Heure" Position="13">على ساعة</Mot>
<Mot Etiquette="Nombre_Heure" Position="14">4</Mot>
<Mot Etiquette="Nombre_Heure" Position="15">30</Mot>
<Mot Etiquette="Marq_Minute" Position="16">دقيقة</Mot>
<Mot Etiquette="Marq_Rectification" Position="17">عفو</Mot>
<Mot Etiquette="Marq_Heure" Position="18">على ساعة</Mot>
<Mot Etiquette="Nombre_Heure" Position="19">5</Mot>
<Mot Etiquette="Nombre_Heure" Position="20">35</Mot>
<Mot Etiquette="Marq_Minute" Position="21">دقيقة</Mot>
</Segment_Disfluent>
```

**Figure 20: Un extrait de fichier XML de sortie du module de délimitation des segments disfluents**

À la lumière de ces segments disfluents déjà repérés, ce module permet de reconnaître le patron adéquat de chaque segment disfluent, identifier le modèle disfluent et puis le corriger.

À la fin, notre système génère un énoncé totalement segmenté et ne contenant aucune disfluence. La figure suivante montre un extrait de fichier XML résultat du système.

```
<Segments_Conceptuels_SansDisfluence>
  <Segment Nom="SC_Demande_Tarif" Num="1" Valeur="نملذ درأ">
    <mot Etiquette="Demande" Position="0"/>
    <mot Etiquette="Mot_Reference_Tarif" Position="1"/>
  </Segment>

  <Segment Nom="SC_Type_Billet" Num="2" Valeur="باياٍ باهذ ةركذت">
    <mot Etiquette="Marq_Billet" Position="2"/>
    <mot Etiquette="Type_Billet" Position="3"/>
  </Segment>

  <Segment Nom="SC_Arrivee" Num="3" Valeur="سنوتةيلاو ويدلا">
    <mot Etiquette="Marq_Station_Arrivee" Position="4"/>
    <mot Etiquette="Marq_Station" Position="5"/>
    <mot Etiquette="Station" Position="6"/>
  </Segment>

  <Segment Nom="SC_Heure" Num="4" Valeur="ةقيقد535ةعاس ىلع">
    <mot Etiquette="Marq_Heure" Position="7"/>
    <mot Etiquette="Nombre" Position="9"/>
    <mot Etiquette="Nombre" Position="0"/>
    <mot Etiquette="Marq_Minute" Position="10"/>
  </Segment>
</Segments_Conceptuels_SansDisfluence>

<Enonce_Corrige>ةقيقد 35 5 ةعاس ىلع سنوت ةيلاو لا باياٍ باهذ ةركذت نملذ درأ</Enonce_Corrige>
```

**Figure 21 : Un extrait de fichier XML de sortie du système**

## 3. Traces d'exécution

Nous présentons, dans cette section, un exemple d'énoncé mettant en œuvre la méthode proposée ainsi que l'évolution des différentes ressources dynamiques de l'application.

Pour débuter, l'utilisateur peut choisir l'énoncé à analyser, à travers le menu "Fichier". L'énoncé choisi sera nettoyé de toutes les répétitions, les hésitations et les amorces correctives, comme le montre la figure 22.

**Figure 22 : Affichage de l'énoncé nettoyé**

Une fois l'énoncé nettoyé l'utilisateur doit choisir le menu "Segmentation conceptuelle" pour segmenter cet énoncé.

**Figure 23 : Affichage des segments conceptuels**

Cette fenêtre montre tous les segments conceptuels dégages dans l'énoncé choisi.

De même, le menu "Délimitation des disfluences" permet de délimiter les frontières des segments disfluents. Ces segments disfluents peuvent être de deux types : segment avec marqueur de rectification et segment sans marqueur de rectification comme le montre la figure suivante.

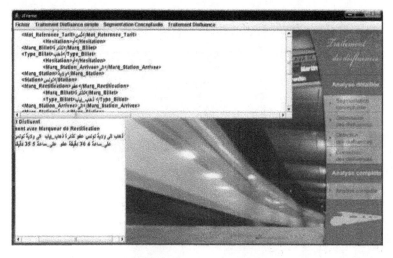

**Figure 24 : Affichage des segments disfluents délimités**

Pour chaque type de segment disfluent, le système accède à la base convenable. Pour les segments disfluents avec marqueur de rectification, le système accède à la base des patrons « Patrons avec marquer de rectification », charge les patrons qui ont une taille inférieur ou égal à la taille des segments disfluents et cherche le patron adéquat de chaque segment disfluent. Une fois le patron est reconnu, le système peut déterminer le type de disfluence de ce segment disfluent. Alors que pour les segments disfluents sans marqueur de rectification, le système accède à la base des patrons « Patrons sans marqueur de rectification » et fait le même traitement que celui des segments disfluents avec marqueur de rectification. La figure 25 montre le résultat de ces traitements.

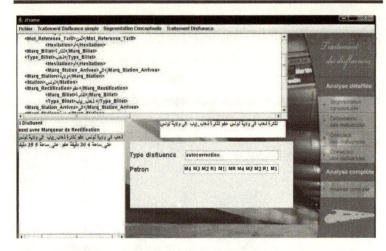

**Figure 25 : Affichage de patron et de type de disfluence de « segment disfluent avec marqueur de rectification »**

La fenêtre de la figure 25 montre le patron détecté ainsi que le type de disfluence. En cliquant sur le menu « Correction des disfluences », le système corrige les disfluences détectées.

**Figure 26 : Affichage du modèle disfluent et de la correction de segment disfluent**

Comme le montre la figure 26 le segment disfleunt est corrigé. De même que le premier segment, l'autre segment « segment disfluent sans marqueur de rectification » doit subir le même traitement. La figure suivante montre le résultat de détection de patron et de type de disfluences du deuxième segment disfluent.

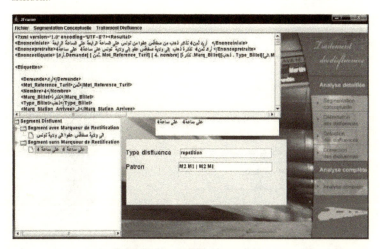

**Figure 27 : Affichage du patron et du type de disfluence du segment disfluent sans marqueur de rectification**

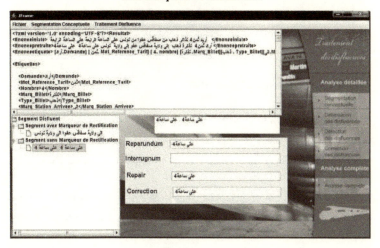

**Figure 28 : Affichage de modèle disfluent et de la correction de segment disfluent.**

Après la correction des segments disfluents détectés dans l'énoncé, l'utilisateur clique sur le bouton « Analyse complète » pour afficher le résultat final comme l'illustre la figure suivante.

**Figure 29 : Affichage du résultat sur l'interface principale**

Le résultat de traitement des disfluences peut être enregistré sous format XML et ceci en utilisant le menu « Fichier/ enregistrer» qui permet à l'utilisateur de choisir l'emplacement de sauvegarde du fichier résultat.

## 4. Evaluation et discussion

### 4.1. Corpus d'évaluation

Pour évaluer notre système, et vu la rareté des ressources linguistiques arabes voire même leur indisponibilité, nous étions amenés à construire un corpus d'évaluation selon la technique du Magicien d'Oz.

Ainsi, nous avons utilisé des scénarios traitant des renseignements sur le transport ferroviaire tunisien. Nous distinguons trois types de requêtes à savoir, des requêtes indépendantes du contexte, des requêtes dépendantes du contexte et des requêtes aberrantes.

Le corpus d'évaluation contient diverses requêtes d'utilisateurs (étudiants, professeurs, élèves …) demandant des renseignements ferroviaires de différentes natures et contenant différents types de particularités de l'oral spontané (autocorrection, répétitions, amorces, hésitations et la combinaison des quatre ...). En conséquence, notre corpus reflète des niveaux différents d'utilisateurs, ainsi que des types d'énoncés différents. Notons que ce corpus est transcrit manuellement et il est constitué de 2535 énoncés (soit 32520 mots) prononcés d'une manière spontanée). La figure 30 résume les résultats obtenus.

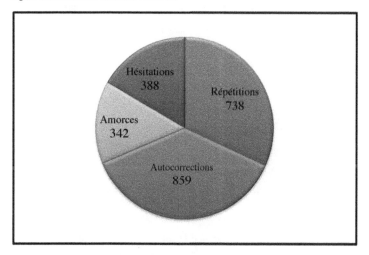

**Figure 30 : Répartition des types de disfluences dans le corpus d'évaluation [Bahou et *al.*, 2010a]**

## 4.2. Résultats obtenus

Les tests ont porté dans un premier temps sur la détection des disfluences simples à savoir, les répétitions, les hésitations et les amorces.

|  | Répétition simple | Hésitation | Amorce |
|---|---|---|---|
| Taux de détection | 85% | 74,76% | 78,43% |
| Taux de correction | 89% | 84% | 79% |

**Tableau 13 : Tableau d'évaluation de traitement des disfluences simples**

Nous avons procédé à l'évaluation de la segmentation conceptuelle d'une part et au raffinement des étiquettes sémantiques d'autre part.

| | Segmentation conceptuelle | Raffinement des étiquettes |
|---|---|---|
| Taux de réussite | 74,82% | 82% |

**Tableau 14 : Tableau d'évaluation de la segmentation conceptuelle**

Nous avons testé le traitement des disfluences complexes à savoir, la délimitation des segments disfluents, la détection de patron et de type de disfluence de chaque segment disfluent et la correction de chaque segment disfluent.

| | Délimitation des segments disfluents | Détection de patron et de type de disfluence de chaque segment disfluent | Correction de chaque segment disfluent |
|---|---|---|---|
| Taux de réussite | 74% | 71,73% | 79% |

**Tableau 15 : Tableau pour l'évaluation du traitement des disfluences complexes**

Nous utilisons trois critères d'évaluation à savoir, le Rappel, la précision et le F-mesure.

La précision représente une mesure de l'efficacité du système par rapport au nombre de cas traités. En revanche, le rappel indique la performance en termes de traitements corrects par rapport au nombre total des cas à traiter.

Les formules utilisées pour le calcul de ces métriques sont les suivants :

$$P = \frac{\text{Nombre d'éléments trouvés corrects}}{\text{Nombre d'éléments trouvés}}$$

$$R = \frac{\text{Nombre d'éléments trouvés corrects}}{\text{Nombre total d'éléments}}$$

Les deux métriques ne sont pas indépendantes. Il y a une forte relation entre elles, et il est délicat d'apprécier la qualité d'un algorithme qui fournirait une bonne précision et un mauvais rappel ou inversement.

Une des méthodes utilisées dans plusieurs domaines (dans TAL) est de maximiser la moyenne harmonique de la précision et du rappel. On appelle que cette moyenne est la F-mesure et elle se calcule ainsi :

$$F - \text{mesure} = \frac{2(P \times R)}{(P + R)}$$

La F-mesure permet donc de faciliter la lecture du résultat de l'évaluation en calculant la moyenne des deux premières mesures.

Les taux de rappel, de précision et de *F-Measure* sont respectivement de 79.23%, 74.09% et 76.57%. Le temps moyen d'exécution d'un énoncé, de 12 mots, est d'environ 0.394 secondes. Le taux d'erreurs est de 12.63% ; ce qui représente une diminution de 5.91% d'erreurs.

## 4.3. Discussion

À la lumière de ces résultats encourageants, nous jugeons que la méthode proposée est efficace pour le traitement des disfluences dans l'oral arabe, même s'il reste à étudier les cas d'échec en vue d'améliorer les résultats obtenus. Ces cas d'échec (12.63%) peuvent être résumés comme suit :

- Le premier cas d'échec est causé par la présence de mots hors-vocabulaire dans les énoncés traités. Ce phénomène est dû à la performance du système de reconnaissance utilisé et non pas au système de traitement de disfluences, que nous avons réalisé. Prenons à titre d'exemple le mot « سقف » « toit » dans l'énoncé suivant. Ce mot représente un mot hors-vocabulaire et aura « HV » comme étiquette sémantique puisqu'il n'appartient pas à notre domaine applicatif. Les mots hors-vocabulaire sont difficiles à comprendre par le module de compréhension, ce qui entrave l'étiquetage sémantique et complique la tâche de segmentation conceptuelle.

  La présence de ce type de mots lors de la segmentation entraîne une perturbation dans la sélection du bon segment conceptuel ; ce qui fausse la délimitation des segments disfluents et par conséquent rend la détection des types de disfluences impossible [Bahou et *al.*, 2010c].

$$\begin{bmatrix} \text{من صفاقس عفو من سقف} \\ (\textit{de Sfax pardon de toit}) \end{bmatrix} \quad (1)$$

- Le deuxième cas d'échec est causé par des erreurs au niveau étiquetage sémantique des énoncés et non pas par le système de traitement des disfluences. En effet, une mauvaise assignation des étiquettes sémantiques, aux mots d'un énoncé, peut entrainer un mauvais découpage de ce dernier et par suite provoquer des erreurs de détection des disfluences. Ce cas d'ambiguïté est dû principalement à la non distinction entre les marqueurs de négation et les marqueurs de rectification. À titre d'exemple, le mot « لا » « non » de l'énoncé (2) peut jouer deux rôles sémantiques à savoir, un marqueur de négation ou un marqueur de rectification. Ce type d'ambiguïté est résolu au niveau raffinement des étiquettes sémantiques lors de la première étape du traitement des disfluences. Cependant, à l'état actuel, notre système est incapable d'affecter au mot « لا » « non » la bonne étiquette sémantique. En effet, le système de traitement des disfluences doit avoir des informations sur le contexte de l'énoncé (2) au sein du dialogue. Chose qui n'est pas encore prise en considération dans la méthode proposée [Bahou et al., 2010c].

$$\left[ \begin{array}{c} \text{من صفاقس لا من تونس} \\ (\ de\ Sfax\ \ non\ de\ Tunis\ ) \end{array} \right] \quad (2)$$

- Le troisième cas d'échec est dû à la présence d'énumérations dans les énoncés. En effet, l'aspect structurel d'une énumération est très proche de celui d'une autocorrection. À titre d'exemple, l'énoncé (3) présente une énumération de deux types de billet à savoir, « ذهاب » « aller simple » et « ذهاب-اياب » « aller retour » que notre système a considéré comme étant un cas d'autocorrection. Ce phénomène fausse les résultats et reste non encore résolu dans la plupart des systèmes de traitement des disfluences [Bahou et al., 2010c].

$$\left[ \begin{array}{c} \text{ماهو سعر تذكرتين ذهاب ذهاب – اياب} \\ (\ Quel\ est\ le\ prix\ de\ deux\ tickets\ aller\ simple\ \ aller\ retour\ ) \end{array} \right] \quad (3)$$

## 5. Conclusion

Dans ce chapitre, nous avons présenté une implémentation de la méthode proposée. Pour cela, nous avons exposé l'architecture de notre système de traitement des disfluences ainsi que l'environnement de sa réalisation. Nous avons aussi détaillé un exemple d'exécution sous forme d'un jeu d'essai mettant en scène le fonctionnement du système. Les résultats obtenus sont encourageants. Les taux de rappel, de précision et de *F-Measure* sont respectivement de 79.23%, 74.09% et 76.57%. Le temps moyen d'exécution d'un énoncé, de 12 mots, est d'environ 0.394 secondes.

# Conclusion générale

Ce mémoire s'inscrit dans le cadre du traitement automatique des disfluences de la compréhension de l'arabe parlé. Notre objectif étant de contribuer à la conception et la réalisation d'un serveur vocal interactif SARF [Bahou et al., 2008] pour des renseignements sur le transport ferroviaire tunisien. Les types de disfluences traitées sont les suivants : les autocorrections, les répétitions, les hésitations et les amorces, vu leurs fréquences dans les dialogues oraux arabes.

Pour cela, nous avons proposé une méthode pour la détection et la correction des disfluences. Cette méthode est basée sur une analyse robuste et partielle par segments conceptuels des énoncés oraux arabes. L'originalité de la méthode réside dans l'utilisation à la fois de segments conceptuels et de la technique de reconnaissance de patrons (*pattern matching*).

La méthode proposée consiste en quatre étapes à savoir, l'étape de traitement des disfluences simples, l'étape de segmentation conceptuelle, l'étape de délimitation des segments disfluents et l'étape de traitement des disfluences complexes.

Nous avons implémenté notre système avec le langage JAVA. Ainsi, nous avons représenté les connaissances nécessaires au traitement (les segments conceptuels, les règles et les patrons) sous forme de structures XML.

Pour évaluer notre système, et vu la non disponibilité de ressources linguistiques arabes, nous étions amenés à construire notre propre corpus d'évaluation (30 dialogues) selon la technique Magicien d'Oz. Le corpus d'évaluation contient diverses requêtes des utilisateurs demandant des renseignements sur le transport ferroviaire. Ce corpus d'évaluation a été transcrit manuellement. L'évaluation du système a été effectuée selon plusieurs critères à savoir, le taux de réussite de la détection et de la correction des disfluences simples, le taux de réussite de la segmentation conceptuelle, le taux de réussite de la délimitation des segments disfluents ainsi que leurs corrections. Les taux de rappel, de précision et de *F-Measure*, que nous avons obtenus, sont respectivement de 79.23%, 74.09% et 76.57%. Le temps moyen d'exécution d'un énoncé, de 12 mots, est d'environ 0.394 secondes.

Comme perspectives, nous envisagerons de prendre en considération d'autres phénomènes comme les faux départs et les autres types d'amorces (modifiées…). Aussi, nous projetons de traiter les mots hors-vocabulaire (*i.e.*, les mots inconnus par le système de compréhension et les mots mal-reconnus par le système de la reconnaissance vocale). Aussi, nous envisageons d'étudier les phénomènes de négation et d'énumération en vue d'apporter des solutions à leur détection. Cela évitera de les confondre avec les disfluences.

# Bibliographie

**[Bahou et al., 2010a]** : Bahou Y., Masmoudi A., Hadrich Belguith L. (2010), « détection et correction des disfluences dans le dialogue oral arabe spontané », JEP'10, Mons, Belgique.

**[Bahou et al., 2010b]** : Bahou Y., Masmoudi A., Hadrich Belguith L. (2010), معالجة الاضطرابات التواصليّة في إطار الفهم الآلي للغة العربيّة في الخطاب الشّفوي, ICCA'10, Hammamet, Tunisie.

**[Bahou et al., 2010c]** : Bahou Y., Masmoudi A., Hadrich Belguith L. (2010), « Traitement des disfluences dans le cadre de la compréhension automatique de l'oral arabe spontané », TALN'10, Montréal, Canada.

**[Bahou et al., 2008]** : Bahou Y., Hadrich Belguith L., Ben Hamadou A. (2008), «Towards a Human-Machine Spoken Dialogue in Arabic», LREC'08, Workshop HLT within the Arabic World: Arabic Language and local languages processing Status Updates and Prospects, Marrakech, Morroco.

**[Bahou et al., 2009]** : Bahou Y., Bayoudhi A., Hadrich Belguith L. (2009), «Gestion de dialogue oral Homme-machine en arabe», TALN' 09, Senlis, France.

**[Bear et al., 1992]** : Bear J., Dowding J., Shriberg E. (1992), « Integrating Multiple Knowledge Sources for Detection and Correction of Repairs in Human-Computer Dialog», in Proceedings of the 30th Annual Meeting of the Association for Computational Linguistics. Deleware, USA.

**[Blanche-Benveniste, 2000]:** Blanche-Benveniste C. (2000), « Approches de la langue parlée en français », collection Isessentiel Français, éditions Orphys.

**[Booch et al., 2000]** : Booch G., Rumbaugh J., Jacobson I. (2000), « Le guide de l'utilisateur UML », édition Eyrolles. Paris, France

**[Bouraoui, 2009]** : Bouraoui J.-L. (2009), « Traitement automatique de dysfluences dans un corpus linguistiquement constraint », TALN'09, actes de la 16ème Conférence sur le Traitement Automatique des Langues Naturelles, Senlis, France.

**[Bousquet-Vernhettes, 2002]** : Bousquet-Vernhettes C. (2002), « Compréhension Robuste de la Parole Spontanée dans le Dialogue Oral Homme-Machine décodage Conceptuel Stochastique », thèse de doctorat à l'université de Toulouse III–Paul, SABATIER, France.

**[Bove, 2008]** : Bove R. (2008), « A Tagged Corpus-Based Study for Repeats and Self-Repairs Detection in French Transcribed Speech», TSD'08, proceedings of the 11th International Conference on Text, Speech and Dialogue, Brno, Czech Republic.

**[Campione et Veronis, 2004]** : Campione E., Veronis J. (2004), « Pauses et hésitations en français spontané », in actes des XXVème journées d'étude de la parole, Fès, Maroc.

**[Campione, 2004]** : Campione E. (2004), « Etiquetage prosodique semi-automatique de corpus oraux : algorithmes et méthodologie », thèse de doctorat, université de Provence, Marseille, Paris.

**[Candéa, 2000]** : Candéa M. (2000), « Contribution à l'étude des pauses silencieuses et des phénomènes dits : d'hésitations en français oral spontané », thèse de doctorat, université de Paris, Paris, France.

**[Core et Schubert, 1998]** : Core M., Schubert L. (1999), «Implementing parser metarules that handle speech repairs and other disruptions», in cook, D. éditeur: proceeding of north American chapter of the association for computational linguistics annual meeting, Sanibel Island, Florida, USA.

**[Core et Schubert, 1999]** : Core M., Schubert L. (1999), « A Model of Speech Repairs and Other Disruptions », AAAI Fall Symposium on Psychological Models of Communication in Collaborative Systems, Cape Cod, MA, USA.

**[Gala Pavia, 2003]** : Gala-Pavia N. (2003), « Un modèle d'analyseur syntaxique robuste fondé sur la modularité et la lexicalisation de ses grammaires », thèse de doctorat, université de Paris XI Orsay, Orsay, France.

**[Goto et al., 1999]** : Goto M., Itou K., Hayamizu S.A. (1999), « A real-time filled pause detection system for spontaneous speech recognition », Eurospeech'99, in proceedings of the European conference on speech communication and technology, Budapest, Hungary.

**[Heeman, 1997]** : Heeman P.A. (1994), « Speech repairs, intonational boundaries and discoure markers : modeling speaker's utterances in spoken dialog », thèse de doctorat, university of Rochester ,USA.

**[Heeman et Allen, 1994]** : Heeman P.A., Allen J.F. (1994), « Detecting and correcting speech repairs », in proceedings of the 32$^{nd}$ annual meeting of the Association for Computational Linguistics, les cruces, New Mexico.

**[Heeman et Allen, 1995]** : Heeman P.A., Allen J.F. (1995), « Combining the Detection and Correction of Speech Repairs», in proceedings of International Conference of Spoken Language Processing, Philadelphia, PA, USA.

**[Henry et Pallaud, 2003]** : Henry S., Pallaud B. (2003), « Word fragments and repeats in spontaneous spoken French», in proceedings of disfluency in spontaneous speech workshop, Goteborg, Sweden.

**[Kurdi, 2003]** : Kurdi Z. (2003), « Contribution à l'analyse du langage oral spontané », thèse de doctorat à l'université Joseph Fourier, Fourier, France.

**[Lickley, 1994]** : Lickley R.J. (1994), « Detecting disfluency in spontneaous speech », thèse de doctorat in university of Edinbrugh, Edinbrugh, Scotland.

**[Liu et al., 2003]** : Liu Y., Shriberg E., Stolcke. (2003), « Automatic disfluency identification in conversational speech using multiple knowledge sources », in proceedings of European conference on speech communication and technology, Geneva, Suisse.

**[Liu, 2003]** : Liu Y. (2003), « Word fragment identification using acoustic-prosodic features conversational speech », in HLT-NAACL student research workshop, Edmonton, Canada.

**[Mckelvie, 1998]**: Mckelvie D. (1998), « The syntax of disfluency in spontaneous spoken language », Technical Report HCRC/RP-95, Edinburgh University, Edinburgh, Scotland.

**[Morel et Danon-Boileau, 1998]**: Morel M.A., Danon-Boileau L. (1998), « Grammaire de l'intonation », l'exemple de français, collection bibliothèque de faits de langues, éditions Orphys, Paris, France.

**[Shriberg, 1994]**: Shriberg E.E. (1994), « Preliminaries to a theory of speech disfluencies », thèse de doctorat, university of California, Berkeley, USA.

[Strassel, 2003]: Starssel S. (2003), « Simple metadata annotation specification linguistic data consortium », Annotation guide, version 5.0, http://www.ldc.upenn.edr/projects.mde/.

[Quimbo et al., 1998]: Quimbo F.C., Kawahara T., Doshita S. (1998), « Prosodic analysis of fillers and self-repair in japanese speech », in proceedings of the international conference on spoken language processing, Sydney, Australia.

[Spilker et al., 2000]: Spliker J., Klarner M., Gorz G. (2000), « Processing self-corrections in a speech-to-speech system », in wahlster w, éditeur: ver mobil: fondations of speech-to-speech translation, Berlin, Germany.

الخلاصة:
العمل الذي أنجزناه في هذه المذكرة يندرج في إطار الفهم الآلي للقول العربي التلقائي. وهكذا' قمنا باقتراح
طريقة جديدة تمكّن من معالجة الاضطرابات التواصليّة (وخصوصا الإصلاح الذاتي' التكرار' التردد وعدم إتمام
الكلمة) المتواجدة في الحوار العربي الشفوي والتلقائي. أصالة الطريقة تكمن في استخدام كل من الأقسام
التصورية وتقنية تطابق التصاميم. للتنفيذ، استخدمنا البيّة جيبيلدر 2007 وللتقييم قمنا بإنشاء مدوّنة خاصة بنا
بتقنية وزار اوز. الوحدة التي قمنا ببرمجتها أدمجناها في الجهاز سارف وهو يوفر معلومات بالغة العربيّة
الفصحى تخصّ السّفر على القطارات باستعمال السّكك الحديديّة التونسية.
مصطلحات مفاتيح:
فهم القول التلقائي باللّغة العربية ، الاضطرابات التواصليّة' قسم تصوري' تطابق التصاميم.

**Résumé:**

Le travail que nous proposons dans ce mémoire s'inscrit dans le cadre de la compréhension automatique de l'oral arabe spontané. Ainsi, nous proposons une méthode originale pour le traitement des disfluences (en particulier, les répétitions, les autocorrections, les hésitations et les amorces) omniprésents dans le dialogue oral arabe spontané. L'originalité de la méthode réside dans l'utilisation à la fois des la segmentation conceptuelle et de la technique de reconnaissance de patrons. Pour la réalisation, nous avons utilisé l'environnement JBuilder 2007 et pour l'évaluation, nous avons construit notre propre corpus avec la technique du magicien d'Oz. Notre système a été intégré dans le système SARF un serveur vocal pour les renseignements sur le transport ferroviaire tunisien.

**Mots clés:**

Compréhension de l'oral arabe spontané, disfluences, segment conceptuel, reconnaissance de patrons.

**Abstract:**

The work we propose in this report enters in the context of Arabic speech understanding. Thus, we propose an original method for the treatment of disfluencies (i.e., repetitions, self-corrections, hesitations and word-fragments) that occur in the Arab spontaneous oral dialogue. The originality of the proposed method is the use of both the conceptual segment and the technique of pattern matching. For the implementation, we used JBuilder 2007 and for the evaluation, we built our own corpus with the Wizard of OZ thechnique. Our system has been integrated into the SARF system for Tunisian railway information.

**Key words:**

Arabic speech understanding, disfluencies, conceptual segment, pattern matching.

www.ingramcontent.com/pod-product-compliance
Lightning Source LLC
La Vergne TN
LVHW042341060326
832902LV00006B/310